Aprende SQL en menos de 20 horas

2ª edición

v 2.0

Título original: Aprende SQL en menos de 20 horas.
2ª edición noviembre 2021
Juan Pablo Romero Aguirre
Todos los derechos reservados
Madrid, España.

Tabla de contenido

Día 1 (0-4 horas)

Necesidad

En la era de la información es importante conocer sobre programación y el manejo de datos. Cualquier programa en el lenguaje de programación que sea va a manejar datos. Lo importante son los datos. Es el principal valor. Por consecuencia, los negocios en el siglo XXI giran cada vez más en torno a los datos.

Ya sea porque tienes curiosidad. Porque necesites trabajar con bases de datos. Porque eres parte de un grupo multidisciplinar, y necesitas tener una idea de bases de datos y el entorno. Aprender SQL es útil para tener una buena base.

Duración

El temario tiene cinco capítulos. Tal como si fuese el programa a ver en cinco días en un curso. Así, la duración puede ser de veinte horas o menos. Ahora bien, según sea la experiencia y habilidad del lector este tiempo puede ser menor o mayor. La duración es una referencia del tiempo a dedicar tanto a la teoría como a la práctica básica. En los primeros capítulos hay más explicaciones porque hay más conceptos a explicar y luego es más practicar.

Requisitos

Saber leer, escribir y utilizar un ordenador. ¡Así de simple! No se necesita conocimientos de programación para aprender sobre bases de datos o SQL.

Las herramientas necesarias son un ordenador con el software de base de datos. El sistema operativo Windows o Linux. Sobre estos instalamos el software de base de datos. El software a utilizar lo descargamos de forma gratuita para estos sistemas operativos.

Objetivos

- Obtener una visión general de lo que son las bases de datos relacionales y su diseño.
- Conocer y saber utilizar el lenguaje de consulta de datos (SQL).
- Obtener el conocimiento que obtendría en un curso, de una forma fácil, rápida y barata.

Descripción

El aprender SQL en menos de veinte horas es posible. Luego, la práctica deliberada y continua afianza los conocimientos. Si no lo practicas lo olvidas. Aún así, una vez visto el contenido tienes una idea de que existe un camino para resolver determinado problema. Y es más fácil encontrarlo.

En este libro la finalidad no es solo dar a conocer el lenguaje. Además, trata de guiar en la práctica, en el comprender, y hacer un buen uso. El libro sigue una narrativa tal como si se está en un curso presencial. Con los comentarios y repeticiones necesarias. Para enfatizar y ayudar a recordar puntos que se considera importantes. Si quieres una estructura de puntos donde se vea específicamente ese apartado o funcionalidad mira el manual de referencia de SQL del desarrollador del software —Oracle, MySQL, etc.—, son gratuitos y están online.

Estructura del libro

El libro consta de capítulos que dan una referencia en días. La estimación es de cuatro horas diarias durante cinco días. Esto es así con el fin de dar una referencia al tiempo a dedicar.

Cada capítulo tiene apartados en los que se trata los temas. Estos temas contienen información teórica. Así como ejemplos que ilustran conceptos sobre lo que se está tratando.

Los apartados muestran puntos donde cada tema está. Sin embargo, no son rígidos en el sentido de que cada punto trata únicamente el tema y nada más. El fin del libro no es tanto el de un manual de referencia sino el de aprendizaje guiado.

Para quienes son nuevos en el área, la introducción intenta ponerles en contexto. Y a partir del apartado de los tipos de datos se empieza a introducir en el lenguaje. Al final existe un anexo con algunos ejercicios.

Sumado al libro, pongo a disposición en GitHub un repositorio con material relacionado. Hay ejercicios, *scripts*, diapositivas, manual de referencia, guías de instalación y demás enlaces que pueden ser de interés. Además, me permite añadir información a posterior. La dirección es: https://github.com/juanparomero/aprendeSQL

La pirámide DIKW

El dato es el elemento base de partida. Por ejemplo: «V», «Luis», «33», «peso». Sin embargo esto carece de significado. Necesitamos conocer o **relacionar** los distintos datos para poder obtener información. Con información nos referimos a algo con significado que podemos entender.

Una vez tenemos información el siguiente paso es obtener conocimiento. Las bibliotecas están llenas de libros con información. Si la información es poder entonces es poder pasivo. Se necesita entender esa información, **aprender** para obtener conocimiento.

Y la cúspide va más allá de obtener conocimiento. Va a poder discernir en base a principios, ser capaces de con **inteligencia** alcanzar la sabiduría. Saber cómo utilizar ese conocimiento de la mejor manera.

Así que este paso entre los distintos niveles es una forma de ver y de tratar de imitar en el campo tecnológico. Tener datos sin más no aporta, se necesita que sea información con la que poder trabajar y sacar conocimiento. Al querer automatizar este proceso se busca automatizar la relación entre los datos para obtener información y mediante aprendizaje automático (*Machine Learning*) ser capaces de obtener conocimiento.

El aprendizaje automático es una parte de la Inteligencia artificial que busca ese paso de información a conocimiento. Actualmente es un reto conseguir que una máquina sea capaz de adquirir conocimiento tal y como lo entendemos lo hace una persona.

Y luego el reto es enorme si vamos a que adquiera sabiduría. Ya de por sí podemos pensar que ni los mismos humanos la adquieren —carcajadas—. Pero son problemas que ya nos encontramos en la actualidad cuando vemos que un sistema discrimina. Lo hace porque es la información sobre la cual detecta patrones y deduce pero no entiende conceptos como: datos atípicos, sesgos, prejuicio, desigualdad social, desarrollo, cambio, evolución, temporal, discriminar, bueno, malo, esperanza, libertad, responsabilidad, misericordia... sabiduría.

Al final usamos las máquinas para ayudarnos a conseguir objetivos. Para ser más efectivos en nuestro día a día. Así que reflexionemos que con la invención de la imprenta se facilitó el acceso a la información y esto ayudó a que mucha más gente tenga la oportunidad de adquirir conocimiento. Y gracias a ello se dieron avances en el desarrollo humano de forma más rápida que en tiempos pasados. Así mismo la invención de los sistemas de información, internet ha hecho posible que se reduzca el tiempo y facilite el acceso a la información. Por ello, existe la posibilidad de que logremos crear tecnología para que los humanos adquieran un mayor grado de sabiduría.

En qué el humano supera a las máquinas

Las máquinas acceden más rápido y a mayor cantidad de datos. Solo pensemos en un buscador web. Realiza una búsqueda en miles de millones de páginas indexadas en cuestión de mili segundos. En esto son muy eficientes.

Donde no son eficientes es en aprender. En transformar la información en conocimiento y saberlo aplicar. ¿Por qué los dispositivos de voz guardan todo lo que pueden? Hay quién se sorprende por qué se guardan cientos de miles de grabaciones por usuario. Y si sumas la de todos los usuarios la cantidad de horas es totalmente diferente de las que ha necesitado un niño de cuatro años para entender un idioma. Y sin embargo, las máquinas aún no son tan eficientes en eso como los humanos. Menos aún como para realizar analogías y extraer conclusiones complejas.

Introducción a base de datos

¿Qué es una base de datos? Desde el sentido más amplio, una base de datos es un conjunto de datos perteneciente a un mismo contexto. Esto podría ser una simple carpeta con facturas. Pero la definición del diccionario de la Real academia de la ingeniería es más cercana al ámbito tecnológico:

> «Conjunto de datos estructurado según un determinado modelo de datos y almacenado en soporte informático, al que tienen acceso personas y aplicaciones.» (diccionario.raing.es)

Lo importante es tener claro, cuando hablamos con alguien, a qué nos referimos. En determinado contexto la base de datos puede ser todo el conjunto de datos que maneja un programa o un subconjunto. Por ejemplo: hablamos de toda la información de la organización, solo de la información principal de una aplicación, o la información de la aplicación incluyendo metadatos. A esto me refiero con tener claro a qué nos estamos refiriendo cuando hablamos con alguien. Recordemos que el lenguaje es equívoco, ambiguo, interpretable.

Necesidad de una base de datos

La necesidad básica es almacenar la información para no olvidarla y poder consultarla posteriormente. Luego, tenemos que tener en cuenta necesidades y recursos para implementarla y mantenerla. Almacenar en un soporte informático tiene la ventaja de poder acceder desde distintos sitios o dispositivos. Y es lo más rápido en búsqueda y manejo de la información. Claro, depende cómo está hecho.

Una de las formas más conocidas de registrar información es en forma de tabla. Así se almacena la información de varios elementos representados en filas. Y los atributos son las columnas. Por ejemplo: información de personas tales como nombre, edad. Información de cosas como el nombre, color, peso. Bien puede ser una hoja de cálculo, y ser esto suficiente.

Sin embargo, si manejamos varios cientos, miles, millones de datos, la tarea se complica. El buscar y mantener esos datos es más difícil. Más aún si queremos filas únicas. Que tengan relación con otras tablas, sin datos faltantes. Por ejemplo: si registramos personas debe haber una fila con la información y no dos. Si la persona tiene un departamento, la información de ese departamento debe existir. A esto llamamos integridad de datos.

Necesidad de un Sistema gestor de base de datos

Un Sistema gestor de base de datos (SGBD) es un software en el cual delegar tareas. Y además automatizarlas. Tareas como: almacenar los datos, buscar los datos y mostrarlos, mantener la integridad de los datos. El fin es ser más eficientes que gestionarlo nosotros mismos de forma manual en hojas de cálculo. El sistema está para realizar la gestión de los datos almacenados en soporte físico. Nosotros indicamos qué debe controlar. Y el SGBD evita que se dupliquen los datos. Controla la relación de los datos. Quién accede a los datos. Controla el acceso simultáneo a los datos y que siga un estado coherente. Por ejemplo, como cuando se intenta reservar una butaca en el cine, el sistema debe asegurar que no es reservada por más de un usuario. Que es distinto a asegurar que la reserva un usuario. En otras palabras, no prima asegurar una reserva. Prima que no exista dos reservas del mismo elemento.

Para comunicarnos con el Sistema gestor de base de datos es necesario un lenguaje de comunicación. En nuestro caso la estructura que utilizamos es el de tablas y relaciones. Entonces, el sistema es un gestor de base de datos relacional (SGBDR). Y estos utilizan el lenguaje estructurado de consulta SQL (*Structured Query Language*).

Todos los SGBD se centran más en algunas funcionalidades y menos en otras. Por ejemplo, la consistencia de los datos, como con el ejemplo de la reserva de una butaca. Para estos casos es preferible una base de datos relacional. Estas son del tipo de base de datos que utiliza un banco. Así, aunque se están realizando varias operaciones exista consistencia de los datos.

¿Por qué SQL?

SQL es un estándar utilizado por los distintos Sistemas gestores de base de datos relacionales. Entonces, los programas que conectan con SGBDR lo usan. Ya que es la forma de comunicarse con estos. Un estándar es independiente del fabricante (Oracle, Microsoft, IBM, etc.). Esto facilita la gestión, migración, comunicación, formación y un largo etcétera.

Aunque SQL es un estándar, los diferentes gestores tienen sus particularidades. Por ejemplo, algunas funciones son iguales en varios gestores y otras se escriben de forma similar. Esto hace que deba consultarse cómo realizar esa función en el Sistema gestor en el que se trabaja. Asimismo, algunos sistemas dan mayor funcionalidad que se sale de lo estandarizado. Y aunque los otros gestores lo hagan no lo hacen exactamente igual. Los fabricantes avanzan primero, y luego se intenta estandarizar.

En el mundo actual en el que toda información se busca digitalizar, las bases de datos cumplen un papel esencial. Y a día de hoy las bases de datos relacionarles siguen siendo muy utilizadas. Se desarrolla software con el fin de facilitar el manejo de datos sin la necesidad de usar SQL. Sin embargo, para un mayor control y dominio se requiere conocer SQL.

Me refiero a un nivel de manejo de datos empresarial. Mayormente son utilizadas en las medianas y grandes organizaciones de forma directa. Más que en tamaño de la organización forma parte de la madures que va adquiriendo esta. Incluso una pequeña organización, o individuo las utiliza, por el simple hecho de tener una web. La cual seguramente utiliza SQL porque utiliza una base de datos relacional.

La perspectiva desde la que comento es de tener un control total de los datos. Ya que bien se subcontrata a otras empresas para que manejen los datos. O se utiliza herramientas que evitan el uso de SQL. Pero esa delegación te merma control.

Diseño

Partimos de que tenemos un problema al que queremos dar solución. Entonces es necesario representar la información. Una analogía es que si queremos construir un edificio, en un plano se muestra lo que se quiere.

Una de las formas más utilizadas para el diseño es el Modelo Entidad-Relación (E/R). Este modelo nos sirve para hacer una abstracción de la información. De esta forma se hace una representación de la información que puede luego ser implementada de diferentes formas. Pero como vamos a utilizar tablas, lo siguiente a realizar es el paso a tablas para convertir ese modelo E/R en un modelo relacional.

Para quienes quieran indagar más en el paso de un diseño al modelo relacional se encontrarán con la normalización de bases de datos. Son una serie de reglas para obtener las tablas de forma que se asegure ciertas propiedades de los datos, con el fin de mantener la consistencia y facilitar el manejo de los datos. Un buen modelo E/R nos ayuda a la consecución de esta normalización.

Una vez que tenemos el modelo relacional, mediante SQL se crean las tablas en el Sistema gestor de bases de datos.

Lo primero que hay que hacer es entender qué tipo de información se desea almacenar. O mejor dicho, qué información es necesaria. Muchas veces nos pueden decir lo que quieren pero debemos ser capaces de entender lo que realmente quieren, e intentar prever lo que van a

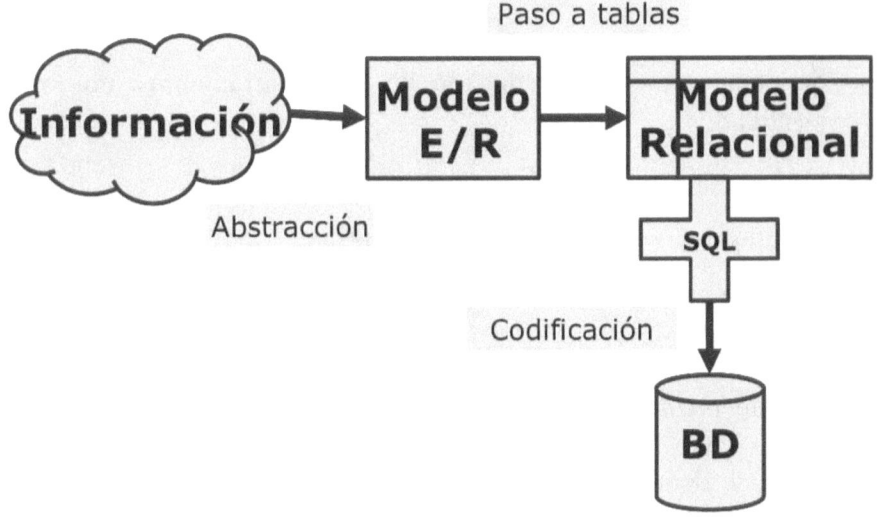

necesitar y aún no lo contemplan. Muchas veces no suele ser lo que inicialmente nos han comunicado. Hay que llegar a entender muy bien el problema. Incluso mejor que quien lo plantea. Esto es un trabajo de buena comunicación, empatía. Cierto es que no puedes prever todo pero se debe intentar. Con la experiencia adquieres ciertas pautas a tomar. Y aunque parezca que es entre un cliente y nosotros, esto se aplica con uno mismo.

Muchas veces puedes escuchar decir a programadores que si el cliente no sabe qué es lo que quiere no es su problema. Precisamente, el que demos soluciones, el que analicemos y encontremos soluciones, creo es parte de la tarea. Podemos pensar que no es el caso si somos programadores, pero sí si somos analistas. Aun así, el programador tiene que comunicarse y ser empático con el analista. Al final, hay que entender al otro. O mejor dicho entender la relación de los datos para reflejar lo que se va a querer extraer a futuro.

Pasemos a un ejemplo. Supongamos que extraemos los siguientes puntos:

- Se desea guardar información de los departamentos: nombre y localidad.

- De los empleados: nombre, salario, trabajo, y el jefe.

- Un empleado está en un departamento.

- En un departamento puede haber varios empleados.

- Un empleado solo tienen un jefe.

- Un jefe, puede serlo de varios empleados.

Lo que se deduce debe estar claro. Cualquier pequeño detalle hay que pensar cómo queda en el modelo. Pues la información sería otra o se relacionaría de distinta manera. Y esto a su vez cambia el modelo relacional, es decir, las tablas. Para dar una respuesta correcta a las futuras consultas tienen que ser coherentes con el modelo de los datos.

Y recordar algo: cuando se construye un puente se hace pensando en la carga que tendrá ahora y en el futuro o el peor de los casos —por muy atípico que sea—; así mismo hay que intentar diseñar nuestra base de datos.

Vamos a ir analizando el ejemplo. La primera frase:

«Se desea guardar información de los departamentos: nombre y localidad.»

Esto quiere decir que vamos a tener varios departamentos. Y de cada uno de ellos su nombre y localidad. Y entendemos que no quieren nada más. No interesa saber dónde queda esa localidad, ni código postal u otros datos.

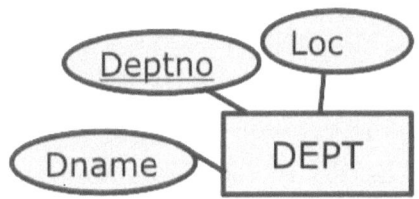

En la parte del diseño formalmente no se piensa en tablas pues el diseño es independiente. Pero para ya ir entendiendo hacia dónde se va. Y se os facilite el entender. Cada departamento va a ser una fila de una tabla. Y tendrá una columna para almacenar el nombre y otra para la localidad. Cualquier información que se coloque en esta tabla es del departamento en sí. El departamento es la entidad de la que se trata en este punto. Las entidades se representan con rectángulos. Mientras que los atributos se representan con elipses. Si queremos más datos de la localidad esto da paso a que la localidad sea una entidad independiente con sus atributos. Pues tendrá suficiente peso para ser una entidad.

Aunque nos han dicho que solo quieren el nombre del departamento y la localidad, toda entidad debe tener un identificador. Es decir, que como cada fila va a ser un elemento, un departamento, debemos identificar de alguna forma cada departamento. Esto podría ser con el nombre, pero significa que el nombre tiene que ser único; y debemos tenerlo en cuenta por si más adelante existe esa posibilidad. Por lo general, se opta por un código independiente. Entonces, en este caso se añade un número de departamento que es el que identifica al departamento.

Algunos de los argumentos para que un identificador sea numérico puede ser por eficiencia. Al querer optimizar luego las búsquedas por códigos numéricos en vez de códigos alfanuméricos. Ya que los gestores suelen tener tipos de datos numéricos optimizados porque las máquinas se manejan mejor con los números. Otro argumento puede ser el de la seguridad. Para identificar a los elementos por códigos conocidos a nivel de base de datos. Y la relación con otros datos se realiza por estos códigos conocidos solo internamente. Es decir, que el nombre del departamento fuese conocido públicamente pero el número de departamento no. En otras palabras, ocultar información. Es común que pueda existir más de una columna que identifica al elemento. Por ejemplo, una persona puede tener un número de empleado, número de pasaporte, número de identidad nacional, número de seguridad social, y todos ser únicos e identificativos de la persona.

La segunda frase:

> «De los empleados: nombre, salario, trabajo, y
> el jefe.»

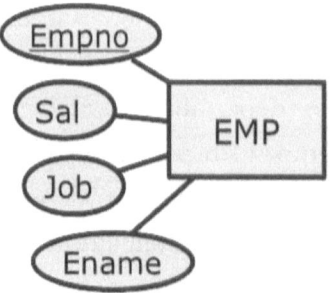

De manera similar al departamento tenemos en este caso la entidad de empleado. De un empleado se necesita saber su nombre, salario, oficio y quién es el jefe. Quién es el jefe es una relación con otro empleado. No es un atributo del empleado.

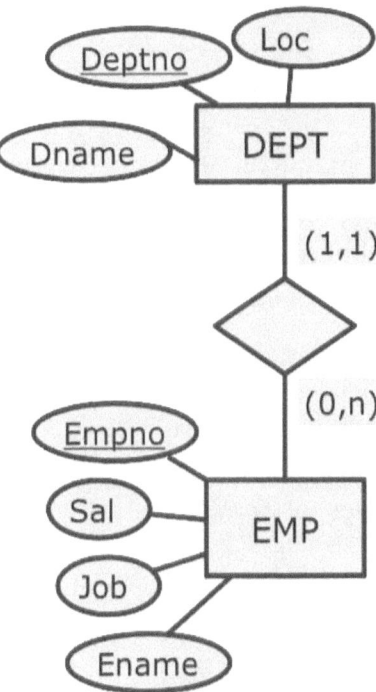

El cómo nombrar a los atributos lo decide quien diseña. El nombre es preferible que sea auto-identificable. Es decir, que sea claro y no toque buscar documentación donde se explique qué es. Además, al igual que se hizo con el departamento, al empleado se le añade un número de empleado, el cual es el atributo clave. Los atributos clave se los identifica porque están subrayados.

Ahora pasemos a las frases:

«Un empleado está en un departamento.»

«En un departamento hay varios empleados.»

Aquí ya identificamos una relación. La relación entre la entidad empleado y la entidad departamento. Las relaciones se las representa con rombos. Y dentro se utiliza algún verbo de la forma: es, está, trabaja.

Lo de que un empleado está en un departamento hay que aclarar si es obligatorio que esté en uno y solo en uno. Y en la notación de diseño eso se expresa con dos números que indican el valor mínimo y el máximo (mínimo, máximo). (1,1) indica que el empleado al menos está en un departamento y como máximo en uno.

Por otro lado, el departamento podrá relacionarse con varios empleados. Esto se indica con la letra ene (n). Los valores máximos son uno o ene. Mientras que los valores mínimos son cero o uno.

Si como valor mínimo tenemos un uno, indicamos que al menos debe relacionarse con uno, como es el caso del empleado. Este diseño nos dice que todo empleado debe indicar en qué departamento está.

Uno de los lados deberá tener un cero como mínimo pues sino surge: «¿quién es primero, el huevo o la gallina?». En este caso debe existir antes el departamento y luego se le agrega empleados.

Y respecto a las últimas dos frases:

«Un empleado solo tienen un jefe.»

«Un jefe, puede serlo de varios empleados.»

Esta es una relación entre un empleado y otro empleado. O dicho de otro modo, una relación de la entidad empleado consigo misma.

En este diseño se expresa información tal que podemos tener empleados sin jefe. Claro está existirá al menos uno que es quien no tenga a nadie como jefe. También, con el otro valor mínimo se expresa que se puede no ser jefe de alguien.

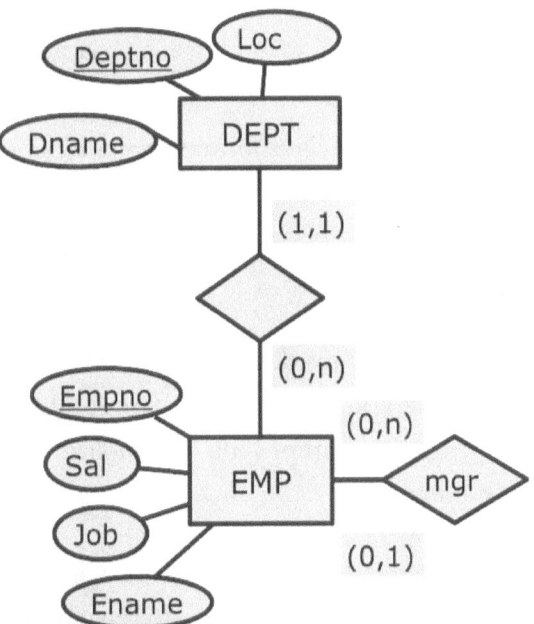

Si en el futuro nos quieren preguntar cuántos jefes tiene un empleado la respuesta es clara: solo uno. Nuestro modelo de datos solo permite tener como máximo un jefe. Otra cosa es un historial de los distintos jefes que ha tenido un empleado. Pero ese historial también tiene que estar en el diseño. El punto que quiero destacar es que si no está modelado no podremos dar respuesta a ciertas preguntas.

Hasta aquí vemos con este ejemplo sencillo parte de lo que es el diseño del modelo de datos. No se pretende entrar en este tema más allá de dar una idea. Con estas pautas básicas se pretende mostrar parte del contexto previo al empezar a trabajar con el lenguaje SQL.

Una vez se tiene el modelo E/R el cual representa los datos y su relación. Y como se ha decidido utilizar una estructura basado en tablas para almacenarlos, se realiza el paso a tablas. Algunas de las reglas son:

- Cada entidad pasa a ser una tabla. Y el atributo clave pasa a ser el campo clave.

- Una relación 1-n genera un campo de clave foránea en la tabla del lado ene (n).

- Una relación n-n genera una tabla. Tendrá un campo de clave foránea por cada tabla que relaciona.

Vamos paso a paso. En el ejemplo tenemos dos entidades: empleados y departamentos. Así que cada una de estas entidades será una tabla. Y los atributos de las entidades serán los campos de las tablas. Estos campos son las cabeceras de las columnas.

La relación entre empleado y departamento es una relación 1-n. Esto lo sabemos porque son los valores máximos. No existe relación n-1. Solo hay 1-1, 1-n. Esto es así en la notación básica. Entonces, se genera en la tabla de empleados un campo: número de departamento. Este campo es clave foránea. Otro nombre que se utiliza es el de «clave ajena». O el inglés: *foreign key*. Lo que quiere decir es que este campo es clave en otra tabla. Y así lo es. El número de departamento es clave principal, o *primary key*, en la tabla de departamentos.

La relación que indica que un empleado es jefe de otro empleado también es una relación 1-n. Por lo tanto, genera un campo que identifica al jefe del empleado. Algo a recordar es:

> «Una *foreign key* siempre hace referencia a una *primary key*.»

Por lo general una clave principal va a ser un solo campo. Aunque podría ser dos o más campos. Pero nunca una tabla va a tener más de una *primary key*. ¿Podríamos tener tablas sin campos clave? Claro que sí. Un sistema gestor de base de datos lo permite. Lo que debemos recordar es para qué nos sirven. Y más adelante lo repetiré para incidir en esto.

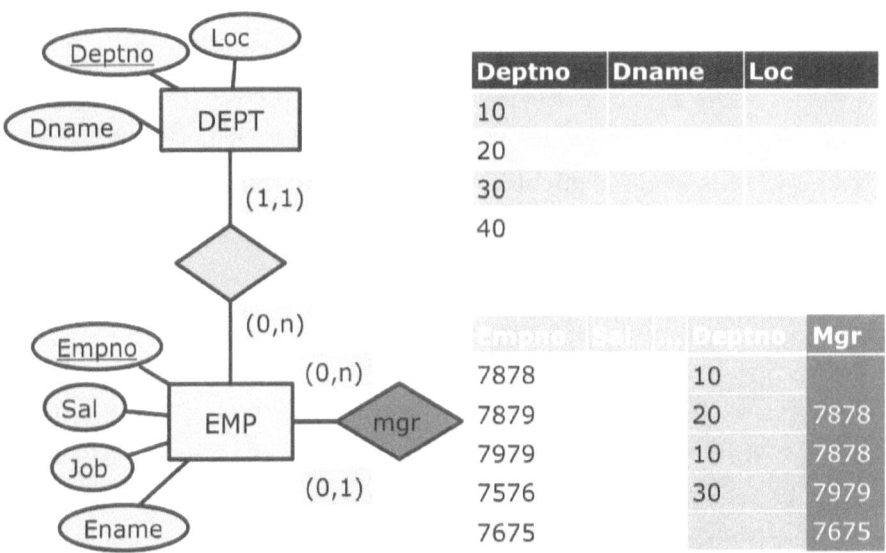

Deptno	Dname	Loc
10		
20		
30		
40		

Empno	Sal	Job	Deptno	Mgr
7878			10	
7879			20	7878
7979			10	7878
7576			30	7979
7675				7675

Una *primary key* evita valores duplicados y no admite valores nulos. Al ser un campo que va a identificar la fila debe ser un valor que no se repite. Y además tiene que tener un valor, no puede estar vacío. Por un lado, esto evita que tengamos valores duplicados. Y por otro lado, junto con la *foreign key* evita que tengamos datos huérfanos. Por ejemplo, que tengamos que un empleado está en un departamento que no existe.

Pensad un momento que tenemos una hoja de cálculo en la que están los empleados y en otra hoja de cálculo los departamentos. Si son pocos datos puede ser fácil el controlar la integridad de los datos. Que no se repitan y que no estén huérfanos. Pero cuando empiezan a ser cientos, miles, esto se empieza a complicar. En controles como estos es donde el gestor se encarga de la integridad de los datos. El control lo realiza el software pero las reglas tienen que estar definidas por nosotros.

En el ejemplo podemos ver que tenemos cuatro departamentos. El número de departamento identifica al departamento. Y como el campo número de departamento es *primary key*, si ya existe el departamento 10, 20, 30, 40, no puede existir otro con el mismo número de departamento. Mientras que el campo número de departamento en la tabla de empleados es *foreign key*, y por lo tanto, admite nulos. Todos los que se quiera. Y pueden repetirse los valores. Aquí también podemos ver otro detalle: cada fila es un elemento, en la tabla de empleados una fila es un empleado y toda su información está en esa fila. Y como en la relación con departamento, que es 1-n e indica que solo puede estar en un solo departamento. Entonces se tiene un campo en el cual solo puede estar un valor: 10, 20, 30 o 40. Pensemos un caso: el «10, 20» (ambos números separados por una coma). Si el campo fue definido como número no es un valor admitido pues no es un número al llevar una coma o espacio. Y si fuese un valor alfanumérico tampoco fuese admitido, porque al ser *foreign key* tendría que existir en la tabla de departamentos exactamente igual. Y con exactamente igual es hasta con el número de espacios igual. Si el gestor está configurado para ser sensible a mayúsculas esto tendrá importancia o no.

Preparar el entorno de trabajo

Existen diferentes gestores de base de datos, algunos son: Oracle® Database, Oracle® MySQL, IBM® DB2, Microsoft® SQL Server, MariaDB, PostgreSQL. Como SQL es un estándar la mayor parte de lo que se trata en este texto sirve en cualquier gestor de base de datos relacional.

Utilizaremos Oracle Database Express Edition que es gratuito. Puede instalarse en un PC con Windows o Linux. Además, podemos utilizar SQL Developer como herramienta de conexión y editor; y también es gratuito.

Si instalan Oracle XE en vuestra máquina, actualmente se puede descargar del siguiente enlace: https://www.oracle.com/database/technologies/xe-downloads.html Pero los enlaces pueden cambiar y lo más fácil es buscar «Oracle Database Express Edition» en un buscador web. Mientras escribo y pongo ejemplos uso la versión 11g. Lo recomendable es que descarguen el software desde la página del fabricante. En este caso desde Oracle. Lo que necesitan es registrarse para poder descargar programas y acceder a distintos materiales sin ningún costo.

Durante la instalación, que puede cambiar el cómo se muestra la información, lo principal es la contraseña que se da al usuario administrador. En algún momento del proceso de instalación se pide contraseña para el usuario SYSTEM. Esto es lo principal, el resto son opciones por defecto.

El cómo instalar ya depende del sistema operativo y la versión del software que se utilice. Lo mejor es buscar en internet el caso específico. E incluso puede haya quien decida usar otro gestor diferente a Oracle, ya que el lenguaje es estándar y en su mayoría es igual.

Utilizo a lo largo del libro la terminal del sistema o también conocido como Símbolo del sistema.

¿Qué es PL/SQL?

El lenguaje SQL es un lenguaje de consulta de datos, no es un lenguaje de programación. No se crea un programa que realiza un proceso. Para ello se utiliza un lenguaje de programación en el que se utiliza el lenguaje SQL. Oracle tiene su propio lenguaje a nivel de gestor de base de datos.

PL de PL/SQL es del inglés *Procedural Language*. Es decir, un lenguaje que trabaja con procesos. El sistema gestor utiliza su propio lenguaje con el cual crear programas que pueden estar almacenados en la base de datos. Como dato, Oracle PL/SQL es un lenguaje de programación basado en otro lenguaje de programación llamado Ada. ¿Para qué sirve PL/SQL? Al ser un lenguaje de programación permite automatizar tareas, programarlas, utilizar sentencias de control, bucles, crear procedimientos y funciones almacenados entre otras funcionalidades. Por ejemplo, construir un procedimiento para dar de alta un empleado, en el cual se pueden realizar varias sentencias SQL. Como consultar determinada información para comprobar algunos datos, realizar alguna comprobación de los datos proporcionados utilizando sentencias de control, funciones, realizar la inserción en la tabla, o en otras tablas si la lógica de dar de alta lo requiere. Además de contemplar posibles errores y personalizar mensajes. Por su parte otros gestores como MySQL, SQL Server también tiene su análogo con el cual programar utilizando SQL.

Conexión SQLPLUS

Lo siguiente para realizar una prueba de conexión es abrir una ventana de símbolo del sistema. Para ello, una alternativa es presionar

las teclas Windows y R, (⊞+R), para abrir la ventana de Ejecutar, y en
ella escribir: «cmd».

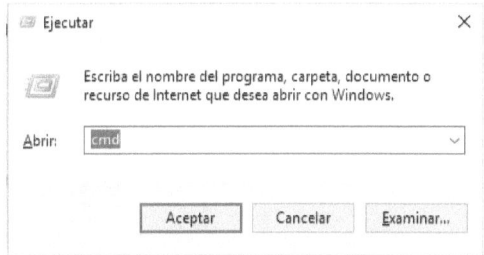

Una vez en la ventana de Símbolo del sistema escribimos el mandato
SQLPLUS seguido del usuario y contraseña para conectar de la
siguiente forma:

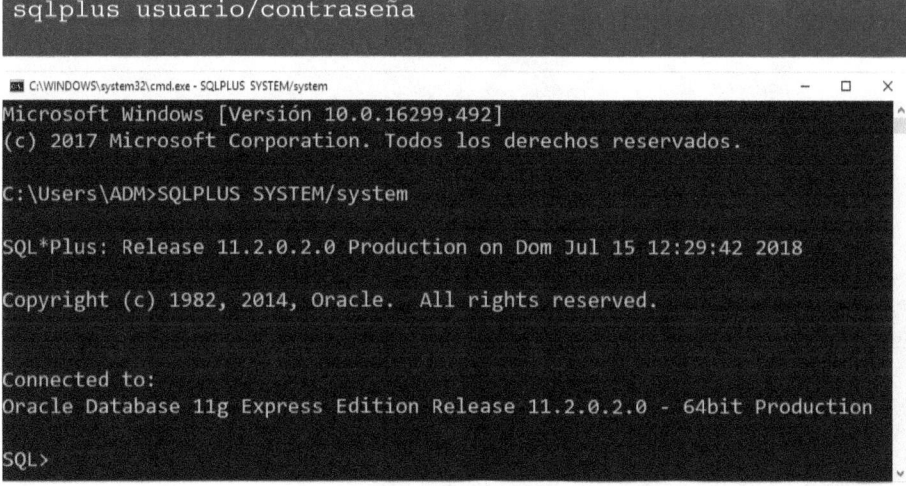

En nuestro caso la primera vez vamos a conectar con el usuario
administrador SYSTEM y utilizaremos la contraseña que introducimos
durante la instalación. A partir de la versión 11g la contraseña es
sensible a mayúsculas y minúsculas, por lo que hay que escribirla
teniendo en cuenta esto. El resto da igual si es en mayúscula o

minúscula. Suponiendo que la contraseña hubiese sido «system», lo que tendríamos que escribir es:

```
SQLPLUS SYSTEM/system
```

Si la conexión es correcta da un mensaje indicando que se está conectado. Y el *prompt* (texto que se muestra al inicio de la línea de comandos para indicar que está a la espera de órdenes) será el texto «SQL>».

A partir de aquí podemos ya trabajar con el lenguaje desde la línea de comandos. Pero para trabajar en un entorno más visual se puede utilizar la aplicación Oracle SQL Developer.

Por ahora podemos hacer la prueba de escribir:

```
SELECT user, sysdate FROM dual;
```

Esta consulta nos da el nombre del usuario con el que estamos conectados y la fecha.

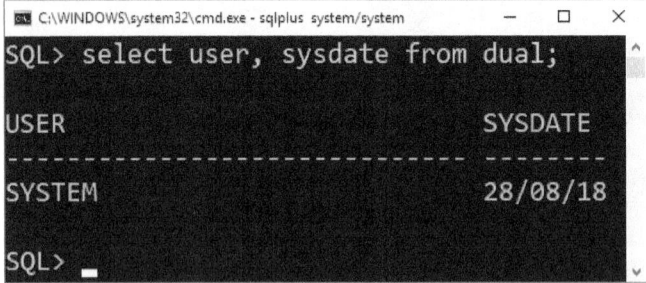

Algo que debemos tomar en cuenta como básico para probar la conexión es realizarlo mediante una terminal, tal como lo hemos hecho ahora. Así se descarta que sea un problema de la aplicación que podamos estar utilizando, por ejemplo, SQL Developer.

Si queremos volver a conectar en otro momento se vuelve a hacer lo de abrir una terminal, y ejecutar SQLPLUS con el nombre de usuario y contraseña para realizar la conexión. Si se comete un error en el nombre de usuario o contraseña, pide volver a introducir el nombre de usuario y contraseña. No se escribe otra vez la palabra SQLPLUS sino lo que pide.

Como acabamos de instalar el programa lo más seguro es que funcione. Sin embargo, vamos a comentar uno de los puntos principales a revisar para que la conexión esté operativa. Uno de los errores más comunes cuando estamos iniciando es:

«ERROR: ORA-12560: TNS:error de adaptador de protocolo»

```
C:\WINDOWS\system32\cmd.exe - SQLPLUS SYSTEM/SYSTEM          —    □    ×

SQL*Plus: Release 11.2.0.2.0 Production on Dom Jul 15 12:17:24 201
8

Copyright (c) 1982, 2014, Oracle.  All rights reserved.

ERROR:
ORA-12560: TNS:protocol adapter error

Enter user-name:
```

Este error da cuando tenemos algún problema de conexión. Entonces, uno de los primeros punto a revisar es que los servicios de Windows correspondientes al Sistema gestor estén funcionando.

Servicios

Los servicios que deben estar iniciados son dos: el servicio que escucha a la base de datos (*Listener*) y el servicio de la base de datos (en este caso ServiceXE, XE es por Express Edition). Se puede tener configurados varios *Listener* y varias bases de datos, cada una de estas con su propio *ServiceNombreBBDD*.

Para acceder a los servicios de Windows una alternativa es desde la ventana de Ejecutar (Windows+R). Y escribir: «services.msc».

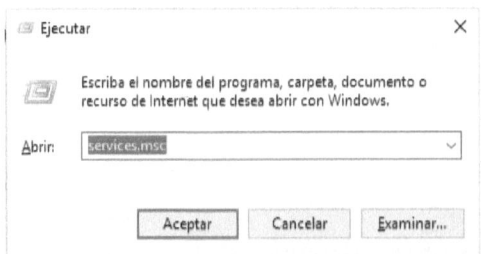

Una vez se abre la ventana de Servicios de Windows nos dirigimos a los servicios de Oracle. Para poder conectar a la base de datos deben estar *En ejecución* los dos servicios. De no ser el caso hay que iniciarlos. Suelen estar con *Tipo de inicio* en *Automático*. Pero, si no necesitan que la base de datos esté funcionando siempre lo mejor es que esté en Manual, e inicien los servicios cuando la ocupen. Esto es para no ocupar recursos de la máquina innecesariamente, puesto que según los recursos de la máquina ésta se puede ralentizar.

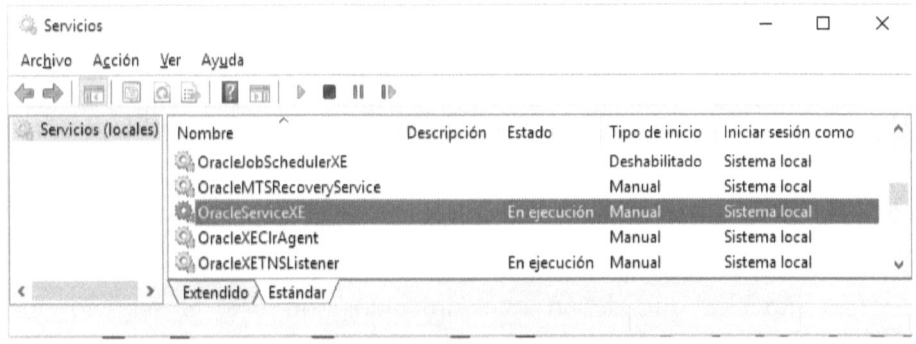

Conexión SQLDeveloper

Se descarga de la web oficial de Oracle. SQLDeveloper es una aplicación Java que no necesita ser instalada. Simplemente se descarga, se descomprime el fichero y dentro de la carpeta se ejecuta el archivo «sqldeveloper» que abre la aplicación. El enlace donde encontrar SQLDeveloper es: https://www.oracle.com/technetwork/developer-tools/sql-developer/downloads/index.html

Pero en caso de que el enlace ya no sea el mismo, simplemente se busca «SQL Developer» en un buscador web y se va a la página oficial de Oracle. Está disponible para Windows, Mac, Linux.

Una vez carga y muestra la ventana de trabajo se crea una nueva conexión a la base de datos. Para ello se da clic en el símbolo más en el panel de conexiones situado a la izquierda de la ventana.

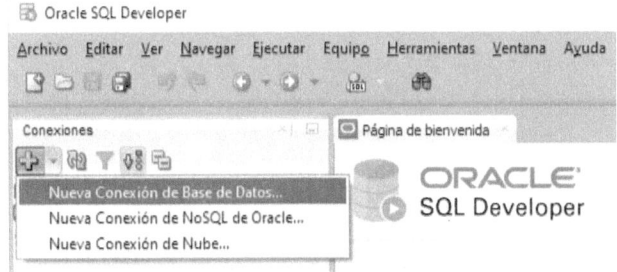

Se da un nombre a la conexión para identificarla. Se introduce el usuario y contraseña. Se indica si se guarda la contraseña para no introducirla en posteriores ocaciones. Y se indica los datos de dónde está la base de datos. Si está instalada en la máquina en la que estamos es: *localhost*. El puerto es el por defecto: 1521. Y la base de datos a la que conectamos: XE. Podemos dar clic al botón de «Probar» y vemos en la esquina inferior izquierda el estado: Correcto. Entonces, damos clic a

Conectar. La pestaña que se abre es el lugar donde escribir nuestras sentencias SQL, similar a la terminal. Para ejecutar las sentencias el cursor debe estar ubicado en la sentencia y se da clic al botón de ejecutar.

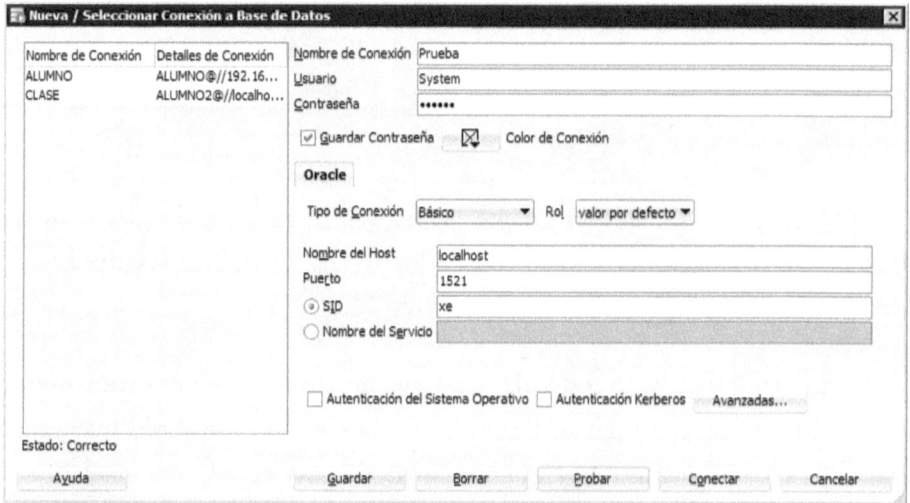

Estructura de Oracle Database

Una base de datos Oracle se estructura en *tablespaces*. Son zonas lógicas que están relacionadas a un fichero físico almacenado en el disco duro.

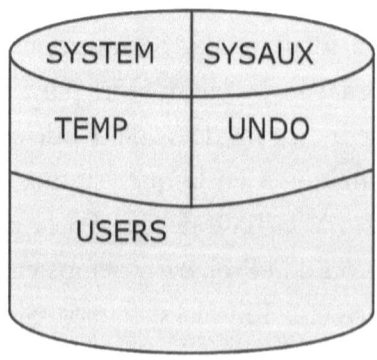

Cada base de datos tiene al menos cinco *tablespaces*, de los cuales: SYSTEM y SYSAUX, almacenan información sobre la base de datos. ¿Dónde está la información de los usuarios que hay? ¿Las tablas que existen? ¿Cuándo fueron creadas? ¿Quién tiene permiso sobre los objetos? ¿Qué permisos? Toda esa información está en el diccionario de datos (DICT). Si estamos trabajando con tablas ¿cómo crees que está almacenada esa información? ¡En tablas! Existen tablas donde consultar el nombre de los campos de las tablas, el tipo de dato, el código de los procedimientos... los metadatos.

« Disco local (C:) › oraclexe › app › oracle › oradata › XE

Nombre

CONTROL.DBF

SYSAUX.DBF

SYSTEM.DBF

TEMP.DBF

UNDOTBS1.DBF

USERS.DBF

¿Y dónde almacenan los datos los usuarios? Cada usuario tiene por defecto asociado tres tipos de *tablespaces*. Estos pueden ser cambiados pero siempre son tres. Uno de tipo temporal (TEMP), es una zona que se utiliza para operar con datos, realizar operaciones de agrupamiento, ordenación de datos. Otro de tipo *undo* (UNDO) en el cuál se alojan datos que están pendientes de ser validados, es decir, mientras un usuario realiza manipulación de datos tales como insertar datos, eliminar o modificar, estas acciones están pendientes de validar pues pueden ser deshechas. Y el tercer tipo es de datos donde almacenar de forma permanente la información. Por defecto existe uno llamado USERS.

Entonces, los usuarios almacenan los datos en un *tablespace* de datos que tienen asignado. Y este *tablespace* a su vez de divide en zonas llamadas: esquemas. Los esquemas son agrupaciones lógicas que sirven para organizar los objetos pertenecientes a un determinado usuario. El nombre del esquema es el mismo del usuario. Es decir, cuando se crea un usuario se crea un esquema, que es como «el cajón» donde almacena el usuario sus pertenencias.

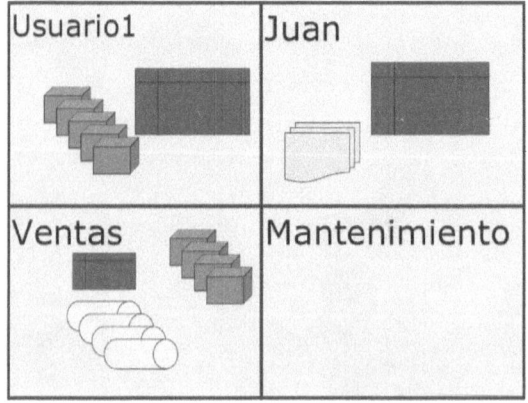

Cuando estamos conectados con un determinado usuario hacemos referencia a los objetos por su nombre. Por ejemplo a la tabla de empleados que se llama «emp», simplemente por el nombre «emp». El nombre del usuario es implícito. Pero si se hace referencia a un objeto que pertenece a un usuario distinto hay que hacer referencia explícita al propietario, o dicho de otro modo al esquema en el que se encuentra. Por ejemplo, una tabla de empleados llamada «employees» en el esquema «ventas» se indica: «ventas.employees».

Entre los objetos más utilizados pertenecientes a un usuario y que vamos a tratar tenemos: tablas, vistas, índices, sinónimos, secuencias.

Una pregunta típica que suelo hacer es si crees que vamos a tener tantos usuarios en la base de datos como usuarios en nuestra aplicación. Por ejemplo, si nuestra aplicación va a tener unos dos millones de usuarios, ¿vamos a tener dos millones de usuarios de los que estamos hablando?, usuarios de bases de datos. Pensadlo un momento. ¿Van a tener tablas?

Una cosa son los usuarios de la base de datos y otra los usuarios de la aplicación. Los usuarios de la aplicación pueden ser simplemente registros en una tabla de usuarios propia de la aplicación. Mientras que, usuarios de base de datos pueden ser según necesidad de la aplicación. Por ejemplo, uno para conectar la aplicación web, otro para conectar una tercera aplicación. También, por rol tal como mantenimiento, desarrollo. Con estos usuarios se puede controlar los privilegios de acceso y manipulación de los datos. Esto depende cómo se decida organizar desde la perspectiva de acceso a los datos. Más adelante vemos un poco sobre privilegios.

Esquema de trabajo

Uso el esquema de ejemplo **HR** de Oracle. Suele estar por defecto en las instalaciones Oracle. También lo pueden encontrar en internet. Y además lo pongo a disposición en la carpeta *Schema_HR* en: https://github.com/juanparomero/aprendeSQL.

Lo más rápido es desbloquear el usuario **HR** si lo tenemos por defecto en la instalación y asignarle una contraseña de nuestro conocimiento.

Ejecutamos la siguiente instrucción siendo el usuario SYSTEM.

```
ALTER USER hr IDENTIFIED BY hr ACCOUNT UNLOCK;
```

Y a continuación nos conectamos con el usuario HR y la contraseña dada.

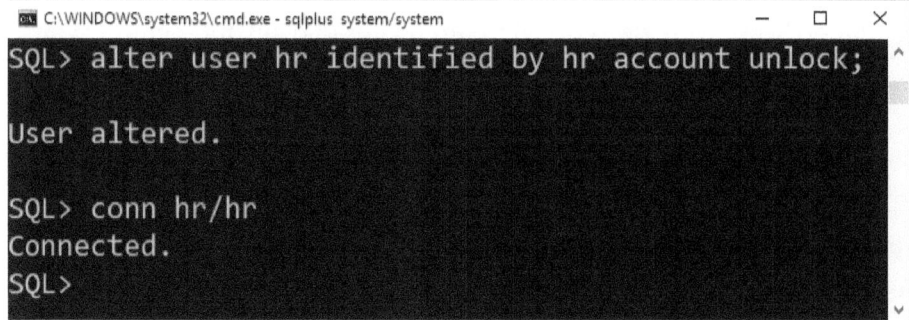

Si el usuario no existe entonces se busca cómo crearlo.

Crear esquema manualmente

Hay varias formas de hacerlo de forma manual. Una es ejecutar los *scripts* que deben estar en una ruta similar a *%ORA_HOME%/demo/ schema/human_resources/*. Con ORA_HOME me refiero a la ubicación donde está la carpeta principal de la instalación Oracle. *hr_main.sql* es el *script* que se encarga de llamar al resto de ficheros y regenerar el esquema HR.

Otra alternativa es descargar la carpeta *Schema_HR* de GitHub, que facilito en el enlace anterior y seguir las instrucciones dadas. Se toma en cuenta que lo ejecutan con el usuario SYSTEM. El cual tiene los privilegios necesarios para realizar las operaciones del *script*. Y no olvidar tener en cuenta mayúsculas y minúsculas en la contraseña, en versiones a partir de la 11g. Para ejecutar un script se utiliza la palabra «start» o la arroba «@», se deja un espacio y se escribe la ruta al fichero. Utilizar las comillas dobles, para evitar errores, por si en la ruta existen espacios.

```
START "C:\Users\ADM\Desktop\Schema_HR\crear_usuario.sql"
```

```
C:\WINDOWS\system32\cmd.exe - sqlplus system/system          —  □  ×
SQL> conn system/system;
Connected.
SQL> start "C:\Users\ADM\Desktop\Schema HR\crear usuario.sql"
SQL>
```

A partir de aquí, si se sigue el paso de crear un usuario manualmente con las tablas de HR, se utiliza el usuario y contraseña indicada en *crear_usuario.sql*. El cual es el que tiene todas las tablas con las que trabajar.

¿Qué tablas tenemos?

Nosotros vamos a crear tablas donde almacenar nuestra información. ¿Dónde está la información sobre qué tablas hay en la base de datos? Están en la misma base de datos. ¿Cómo se almacena esa información? En tablas. Entonces, por ejemplo, ¿dónde consultamos qué tablas tenemos? Los gestores ponen a disposición dónde consultar esta información. Oracle dispone de tres vistas:

• USER_TABLES información de las tablas del usuario actual, el que consulta.

• ALL_TABLES información de las tablas a las que el usuario tienen algún permiso, puedes tener permiso de consultar las tablas de otros usuarios, insertar datos en las de otro. Así que ves las del usuario con el que tienes la sesión y en las que tenga algún permiso.

- DBA_TABLES información de todas las tablas de la base de datos. Hay que tener privilegios suficientes para ver esta vista, tener un rol DBA.

Más adelante veremos qué son las vistas y cómo crear nuestras propias vistas. Por el momento pensad que son como tablas. Antes de consultar vamos a ver qué columnas tiene para asegurarnos cómo se llaman las columnas. Sobre todo cuando son tablas o vistas que pueden tener mucha información porque tengan muchas columnas o filas, es mejor ser más preciso en lo que se busca y no mostrar todas las columnas. Para ello primero describimos la tabla. Para describir una tabla se utiliza «desc» o «describe».

```
DESC user_tables;
```

Al describir USER_TABLES vemos que hay cincuenta y cuatro campos, y no queremos ver todos. Como solo nos interesa saber el nombre de la tabla, podemos ver que hay un campo llamado *table_name*; realizamos una consulta del nombre de las tablas que tiene nuestro usuario. Escribimos la palabra SELECT seguido del nombre de los campos que queremos, en este caso solo uno, a continuación la palabra FROM seguido de dónde consultamos, en este caso USER_TABLES.

```
SELECT table_name FROM user_tables;
```

Esto nos lista el nombre de las tablas que tiene nuestro usuario HR.

```
TABLE_NAME
-----------------------------
COUNTRIES
DEPARTMENTS
EMPLOYEES
```

```
JOBS
JOB_HISTORY
LOCATIONS
REGIONS
```

Esto es una forma de conseguir algo, pensad que siempre hay varias formas de hacer algo. Otra alternativa es consultar sobre una vista llamada TAB, o sobre alguna de las otras vistas mencionadas (ALL_TABLES, DBA_TABLES) pero filtrando para nuestro usuario.

En otros gestores como MySQL o MariaDB (que nació a partir de MySQL) se puede realizar sin realizar una SELECT, simplemente escribiendo «show tables». En otras palabras: cada gestor tienen sus formas de hacer las cosas además de lo estandarizado.

En aplicaciones como SQL Developer simplemente en el panel de la izquierda desplegamos el apartado de tablas dando clic al más (+) y nos lista las tablas que tenemos. Lo que la aplicación está haciendo internamente es consultar a la base de datos cuáles son las tablas y entonces las muestra de esa forma gráfica. Lo que hace la aplicación gráfica es facilitar el acceso a la información. Si nosotros estamos aprendiendo SQL para desarrollar aplicaciones, independientemente del lenguaje que se utilice como pueda ser Java, C#, Javascript, si conectan con una base de datos relacional tienen que escribir sentencias SQL para consultar la base de datos. Lo que intento destacar aquí es que hasta para algo tan simple como listar qué tablas tenemos, detrás tiene que ejecutarse una consulta como en este ejemplo que menciono sobre SQL Developer. ¿Cómo nos comunicamos con la base de datos? Con SQL. Otra cosa es que por encima existan capas que hagan de traductor.

Tipos de datos

Hay decenas de tipos de datos. Pero nos vamos a centrar en tres. De tipo numérico tenemos a NUMBER, de tipo alfanumérico VARCHAR2, y de tipo fecha a DATE. En otros gestores en vez de VARCHAR2 se usa a VARCHAR, en vez de NUMBER a INT.

Cuando describimos una tabla podemos ver el nombre de los campos, si no acepta valores nulos y el tipo de dato. Por ejemplo:

```
DESC employees;
```

```
Name                               Null?     Type
---------------------------------  --------  ----------------
EMPLOYEE_ID                        NOT NULL  NUMBER(6)
FIRST_NAME                                   VARCHAR2(20)
LAST_NAME                          NOT NULL  VARCHAR2(25)
EMAIL                              NOT NULL  VARCHAR2(25)
PHONE_NUMBER                                 VARCHAR2(20)
HIRE_DATE                          NOT NULL  DATE
JOB_ID                             NOT NULL  VARCHAR2(10)
SALARY                                       NUMBER(8,2)
COMMISSION_PCT                               NUMBER(2,2)
MANAGER_ID                                   NUMBER(6)
DEPARTMENT_ID                                NUMBER(4)
```

Un campo que no tiene valor es NULL. Distinto es tener un carácter o varios caracteres en blanco « », que puede parecer que no hay nada pero hay espacios. Al igual que distinto es el vacío «"», esto puede ser más difícil de entender que con los espacios y cada gestor les da un tratamiento distinto. Oracle trata al vacío como NULL al momento de consultar, es decir, devolverá las filas que fueron insertadas con valor NULL y como vacío «"». Y si consultan como vacío no devuelve ninguna. La recomendación es insertar NULL cuando no se tenga valor y consultar como NULL.

NUMBER

Avancemos con el tipo de dato NUMBER, el cual admite desde -30×10^{125} hasta 38×10^{125}. Se le puede especificar uno o dos indicadores.

NUMBER	(38 9's) $\times 10^{125}$ valor máximo -999...
	(38 9's) $\times 10^{125}$ valor mínimo
NUMBER(n)	n dígitos de un número entero
NUMBER(n, m)	n dígitos de los cuales m son decimales

Ejemplos de valores admitidos:

NUMBER	-3,1416
	0
	99999999999999999999999999999
NUMBER(5)	0
	22
	-123
	1234
	55555
NUMBER(6, 3)	123,123
	333,2
	-1,123

Es decir, NUMBER(5) admite hasta cinco dígitos enteros. No admite decimales. Lo redondea y si se intenta darle más de cinco da un error. NUMBER(6,3) admite hasta tres dígitos enteros y hasta tres dígitos decimales. Independientemente si es negativo o positivo.

VARCHAR2

En Oracle es una mejora introducida al **VARCHAR** ya existente. Simplemente se especifica el número de caracteres o bytes máximo a tener. El máximo es 4000 bytes y el mínimo es 1. Este tipo de dato es variable, lo que quiere decir es que se ajusta al contenido. Pero a partir de los 2000 bytes. Si se especifica un valor menor actúa de forma fija. Por ejemplo, si se especifica **VARCHAR2**(10), el espacio reservado es de 10 bytes. Sin embargo, si se especifica **VARCHAR2**(4000) y el contenido son doce bytes, el espacio para almacenarlo es de 12 bytes.

VARCHAR2 se puede especificar en bytes o en caracteres. **VARCHAR2**(2000 BYTE). **VARCHAR2** (2000 CHAR). Por defecto son *bytes* y un carácter es igual a un *byte*.

DATE

El tipo DATE almacena tanto la fecha como la hora. La forma de visualizar de forma predeterminada depende del parámetro NLS_DATE_FORMAT. Puede ser modificado el formato a nivel de base de datos, de sesión, o simplemente aplicando una función durante la consulta de datos para visualizar según se quiera. Lo recomendado es siempre escribirlo de forma explícita, es decir especificando el formato con el que se dan los valores. Lo veremos más adelante.

SELECT

Vamos a empezar a realizar consultas sencillas. Y con esto me refiero a consultas sobre una sola tabla, en donde filtramos, ordenamos y vemos las funcionalidades básicas. Más adelante realizamos consultas sobre varias tablas en donde conoceremos las sub-consultas y uniones de tablas o JOIN.

Ya hemos realizado algunas consultas sencillas y vamos a ir poco a poco avanzando hasta entender lo siguiente:

```
SELECT [ALL|DISTINCT]
  { * | {columna | expresión} [[AS] alias], ... }
FROM
  {[esquema.]{tabla|vista} | (sub-consulta)}[alias][, …]
  [WHERE lista_de_condiciones]
  [GROUP BY lista_de_columnas]
  [HAVING    condiciones_de_grupo]
  [ORDER BY columna [ASC|DESC][, …]]
;
```

Primero, expliquemos la nomenclatura utilizada anteriormente. Puede que se encuentren con ella. Las palabras en mayúscula son palabras reservadas, es decir, parte del lenguaje. Los corchetes «[ ]» indican algo opcional. Mientras que las llaves «{ }» indican algo obligatorio. El *pipe* «|» indica una opción o la otra. Los paréntesis son eso: paréntesis, necesarios por sintaxis. El asterisco, la coma y el punto son elementos del lenguaje; el asterisco se utiliza para indicar todas las columnas, la coma para separar elementos en SELECT, FROM y ORDER BY, el punto para separar elementos que pertenecen o están dentro de otro elemento, como es el caso de una tabla que pertenece a otro usuario se indica: nombre_usuario.nombre_tabla. Los puntos suspensivos indican que se puede repetir elementos. Y no olviden el punto y coma que termina la sentencia.

¿Qué tablas tenemos? Una forma de consultar las tablas que tiene nuestro usuario es realizando una consulta a USERS_TABLES. Y vemos que hay una tabla llamada: *employees*.

A continuación consultamos la tabla de empleados mostrando todos los datos. Para ello realizamos una consulta de la siguiente forma:

```
SELECT * FROM employees;
```

Siempre al consultar como mínimo decimos qué seleccionamos con SELECT y de dónde en FROM. El asterisco indica que son todos los campos, es decir, todas las columnas. Y como no hay condición alguna se seleccionan todas las filas de la tabla. En este caso la tabla *employees* tiene ciento siete filas.

En Oracle siempre usamos el FROM. A diferencia de otros gestores que se puede realizar un SELECT sin un FROM, por ejemplo con expresiones. Para estos casos se utiliza DUAL, como vimos antes al realizar una SELECT del usuario y de la fecha del sistema. Por ejemplo, vamos a mostrar un texto y una operación matemática.

```
SELECT
  'Esto es un texto',
  2+2
FROM dual;
```

```
SQL> SELECT 'Esto es un texto', 2+2 FROM dual;

'ESTOESUNTEXTO'           2+2
---------------- ----------
Esto es un texto            4
```

El texto y la operación no están en ninguna tabla, por lo que no las vamos a consultar de ninguna tabla. Entonces, por sintaxis utilizamos DUAL para tener algo después de FROM. Tiene que haber algo después de SELECT (campos, sub-consultas) y algo después de FROM (tablas, sub-consultas). La sintaxis es como la gramática y ortografía del lenguaje humano. Tiene que estar bien escrito sino el sistema rechaza el texto por mal escrito. No pierde el tiempo en buscar si la tabla o campos existen y demás, cuanto antes se pueda rechazar el mandato lo hace.

Si realizamos la misma consulta pero en vez de DUAL utilizamos *employees*. El resultado va a ser ciento siete líneas que muestran lo mismo, una por cada fila de la tabla *employees*.

Como ven los campos los separamos por comas. Si queremos listar los empleados mostrando el apellido, salario y porcentaje de comisión, la consulta es:

```
SELECT
   last_name,
   salary,
   commission_pct
FROM employees;
```

Ahora vamos a realizar operaciones aritméticas con los campos. Por ejemplo, listemos el apellido, el salario, el porcentaje de comisión, y el salario total (salario incrementado la comisión). El salario total es una columna más, lo que pasa es que el valor es obtenido por una operación entre más de un campo.

```
SELECT
   last_name,
   salary,
   commission_pct,
   salary * (1 + commission_pct) "Salario total"
FROM employees;
```

Recordad, la sentencia SQL acaba en el punto y coma. Cuando empieza a ser más largo el texto lo mejor es intentar colocarlo de tal forma de que visualmente quede claro qué va dentro de qué. Esto además de ser más claro, el facilitar su visualización permite el entender rápido qué se hace y encontrar errores de sintaxis típicos del estilo: falta una coma, un paréntesis.

En la sentencia anterior vemos que podemos operar con los campos. Se utiliza paréntesis para realizar primero la suma y posteriormente la multiplicación. Y se añade un alias al campo. El alias del campo se escribe dejando al menos un espacio. La palabra «AS» que pueden ver en la sintaxis al inicio del apartado, está entre corchetes, es opcional. En este caso utilizo un alias que tiene dos palabras y hay un espacio entre palabras, entonces, para evitar un error de sintaxis se utiliza las dobles comillas para indicar que el alias son las dos palabras «Salario total». El alias nos sirve para nombrar a un campo. En este caso por cuestión de estética en vez de que salga toda la operación como nombre de la columna se muestra el alias. Más adelante lo usaremos para hacer referencia por funcionalidad. Y tomará mayor importancia la utilización de un alias.

Para los nombres de los alias —y en general— es recomendado utilizar letras del alfabeto inglés, números, guión bajo. Y empezar con una letra.

Noten que se sigue seleccionando todas las filas de la tabla porque no se condiciona. Así que siguen siento ciento siete filas las mostradas. Muestro once en la imagen.

```
LAST_NAME                  SALARY COMMISSION_PCT Salario total
-------------------------- ------ -------------- -------------
Livingston                   8400             ,2         10080
Grant                        7000            ,15          8050
Johnson                      6200             ,1          6820
Taylor                       3200
Fleaur                       3100
Sullivan                     2500
Geoni                        2800
Sarchand                     4200
Bull                         4100
Dellinger                    3400
Cabrio                       3000
```

Cuando realizamos una consulta podemos tener errores sintácticos. Falta una coma, el nombre de un campo está mal, nos falta el punto y coma. Corregimos y ¡funciona! ¿El que funcione quiere decir que esté bien? Está bien sintácticamente, por eso ya no da errores de ese tipo. La cuestión es: ¿hacemos la consulta adecuada? ¿Es realmente lo que queremos consultar?

Mirad al listado e identifica si hay algo que llame la atención. Vemos que todos tienen apellido. ¿Todos tienen salario?¿Todos tienen comisión? ¿Y salario total? Vemos que solo los que tienen comisión tienen salario total. Pensad unos segundos: ¿por qué?

Bien, ¿quiénes tienen salario total? Solo los que tienen comisión. Entonces, ¿esto tiene que ver con los valores nulos? ¡Exacto! Al momento de operar con valores nulos el resultado es nulo. En nuestro caso al sumar NULL con uno el resultado es NULL; y al multiplicar NULL con el salario el resultado es NULL. Si no tiene comisión lo que queremos que salga es el valor del salario como salario total. Necesitamos algo que nos convierta ese valor nulo en un cero. Entonces la operación es correcta matemáticamente. Y ese algo es una función. La función que vamos a utilizar es NVL. Las funciones *f(x)* reciben uno o varios valores como parámetros y nos devuelven un valor. Se escribe el nombre de la función y entre paréntesis se escribe separados por comas los parámetros. En el caso de NVL, recibe dos parámetros: el primero es el valor a comparar si es nulo o no, el segundo parámetro es el valor que queremos devuelva si el primer parámetro es nulo. Como he dicho, si es nulo lo que nos interesa es un cero. Nuestra consulta corregida queda:

```
SELECT
    last_name,
    salary,
    commission_pct,
    salary * (1 + NVL(commission_pct, 0)) "Salario total"
FROM employees;
```

Repito. No tiene importancia si escriben con mayúsculas o minúsculas. Ya enfatizaré más adelante cuándo sí deben tener en cuenta esto. Y lo repetiré en varias ocaciones.

Algo que deben grabarse es que aunque la consulta nos muestre datos, ¡hay que comprobarlos! Sobre todo cuando empezamos, cuando es la primera vez que realizamos la consulta, cuando hacemos un cambio en ella o en la estructura sobre la que se consulta. E incluso cuando se tiene experiencia, la propia experiencia te enseña a asegurarte de que estás haciendo bien lo que haces.

Estamos trabajando con una máquina que utiliza la lógica. Tenemos que conocer y entender esa lógica. Si no hacemos la consulta adecuada no obtendremos los datos que queremos, sino otra cosa, datos para una pregunta diferente, de la que creemos es la adecuada pero no lo es. ¿Cómo saberlo? Primero conociendo la teoría, el cómo funciona el lenguaje, su lógica, la estructura de lo que consultamos y su relación. Entender. Su analogía en un entorno personal sería empatizar. Segundo, con la práctica. En algunos casos realizando pruebas simples con elementos pequeños para probar una idea de cómo abordar un problema y luego llevándolo a la situación real. Simulación. Y tercero, realizar consultas paralelas de comprobación de datos.

Así mismo, hay que recordar que en todos los lenguajes hay funciones casi para todo, que ya vienen de serie. También alguien pudo tener la misma necesidad, hacer una función y compartirla. Con esto lo que digo es que si necesitan algo es cuestión de buscar. Necesito algo que me de la media, necesito algo que me de la posición de un carácter determinado en una cadena de texto. Un lugar donde buscar es directamente en un buscador web, otro es ir a un listado de funciones que el fabricante ponga a disposición. Lo primero es buscar y sino puede que lo que toque sea desarrollar la función nosotros, ahí es donde entra PL/SQL para programar una función.

También, recordad que vamos a ver algunas funciones por ver su funcionamiento pero no por ello vamos a llenar de funciones nuestras consultas. Hay que buscar optimizar. Si llenamos de funciones nuestras consultas el SGBD tienen que hacer un trabajo extra debido a esas funciones. Y ello conlleva que sean más costosas en recursos de la máquina, más tareas, más tiempo. Si la consulta forma parte de una aplicación en la que hay varias capas —apostaría por ello— se deben filtrar los datos de capa en capa. Se filtra en la interfaz gráfica, en el código del programa y así cuando se llega a nivel de base de datos ya se ha filtrado los datos lo mejor posible. Así no se da al sistema gestor de base de datos tarea innecesariamente.

Avancemos utilizando algunas funciones para trasformar cadenas de caracteres. Mostremos el *email* en minúscula, el apellido en mayúscula, y el nombre completo con la primera letra de la palabra en mayúscula. Bien, pues existe funciones para convertir a mayúscula, minúscula, en letra capital la primera letra y el resto minúscula. La parte que dice «nombre completo» ¿a qué se refiere? pues a mostrar en una misma columna el nombre y el apellido y eso lo conseguimos concatenando; para concatenar existe una funciona llamada CONCAT pero vamos a concatenar de otra forma que se permite en Oracle, con dos *pipes* «||», normalmente esta barra vertical la encontrarán en la tecla número uno y la conseguirán junto con la tecla Alt-Gr en un teclado de PC y *option* en un teclado MAC.

```sql
SELECT
  lower(email) correo,
  upper(last_name) apellido,
  initcap(first_name || ' ' || last_name) nombre_completo
FROM employees;
```

¿Por qué se concatena con «' '»? Se concatena con un espacio para que el nombre y el apellido no queden juntos. Jugad a quitar la concatenación del espacio. Debe salir el nombre y el apellido juntos y solo la primera letra en mayúscula. Hay que probar, hacer modificaciones e ir entendiendo qué pasa, eso es mantener la curiosidad que facilita el aprendizaje. No se queden con el ejercicio dado, probadlo de distintas formas. Con la experiencia nos damos cuenta de que a veces la opción que creemos lógica no resulta ser la correcta. ¡Probad!¡Probad! ¡Probad!

Supongamos que queremos crear cuentas de correo y decidimos hacerlo a partir de un listado. Y lo que tenemos es solo una lista de nombres y apellidos. El formato que queremos es la primera letra del nombre seguido de un punto y el apellido, de tal forma que el resultado sea: «n.apellido@empresa.com». Utilizamos las columnas *firts_name* y *last_name* de la tabla de *employees*.

Si ya sabemos concatenar, lo que nos falta es algo para extraer el primer carácter del nombre. Así que buscamos una función que haga eso. Encontraremos la función SUBSTR que recibe tres parámetros: la cadena de texto, la posición de inicio y el número de caracteres a extraer.

```
SELECT substr(first_name,1,1) || '.' || last_name
FROM employees;
```

Una vez veas el resultado puedes concatenar lo que falta: «@empresa.com».

ORDER BY

```
ORDER BY {expresion | posición | alias} [ASC | DESC]
[NULLS FIRST|NULLS LAST][, ...]
```

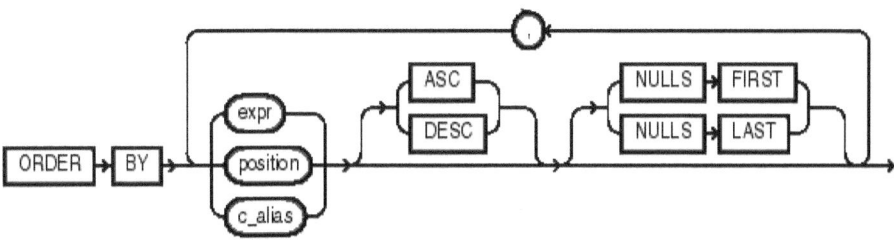

Si ahora listamos el número de departamento, el apellido y el salario total de los empleados, los datos salen en el orden que sea, no tienen por qué salir según se insertaron o algo por el estilo. La consulta sería así:

```
SELECT
    department_id,
    last_name,
    salary * (1 + NVL(commission_pct, 0)) "Salario total"
FROM employees;
```

Si queremos asegurar el orden se especifica la cláusula ORDER BY. Como se ve en la imagen anterior, lo que se coloca después de ORDER BY es la lista de campos separados por coma; así como en la SELECT ya hemos puesto nombre de campos, expresiones y alias, eso mismo es a lo que hacemos referencia en la parte de ORDER BY, es decir, lo que tenemos en la parte de la SELECT. El orden por defecto es ascendente ASC, pero aunque sea por defecto lo mejor es ser explícitos y dejar claro lo que queremos: si ascendente ASC, o descendente DESC. Los valores nulos por defecto van al final cuando el orden es ASC, y al inicio cuando el orden es DESC. Y si se quiere cambiar la ubicación de los nulos se especifica: NULLS FIRST o NULLS LAST, según se quiere.

Imaginemos que el orden deseado es primero por número de departamento ascendente,   segundo por el salario total en forma descendente, y tercero por el apellido en forma ascendente. ¿Qué quiere decir esto?, que deben verse los datos de tal forma que los números de departamento van en forma ascendente 10, 20, 30, y cuando coinciden filas en el número de departamento el segundo criterio para ordenar es el salario total, del mismo modo, si coinciden filas en ambos campos, el tercero, que es el apellido, se ordenará en orden alfabético ascendente. Entonces la consulta es:

```
SELECT
  department_id,
  last_name,
  salary * (1 + NVL(commission_pct, 0)) "Salario total"
FROM employees
ORDER BY
  department_id ASC,
  "Salario total" DESC,
  3 ASC;
```

DEPARTMENT_ID	LAST_NAME	Salario total
60	Hunold	9000
60	Ernst	6000
60	Austin	4800
60	Pataballa	4800
60	Lorentz	4200
70	Baer	10000
80	Russell	19600
80	Partners	17550
80	Errazuriz	15600
80	Ozer	14375
80	Cambrault	14300

En la SELECT anterior hay una referencia al nombre del campo: *department_id*, un alias: "Salario Total", y una posición: 3. Cuando tenemos un caso como el salario total, no podemos hacer referencia a ese campo o columna colocando toda la expresión tal y como está en la parte de selección, así que nos vemos en la obligación de utilizar un alias o por la posición que ocupa en la lista de campos de la SELECT haciendo referencia simplemente con un número. Ordenar por el salario no es lo mismo que ordenar por el salario total. Dicho esto último, se puede ordenar por campos que no se muestran.

En la muestra de datos se puede ver cómo los departamentos van de forma ascendente: 60, 70, 80; todos los 60 se ve que el salario va de forma descendente: 9000, 6000, 4800, 4800, 4200; y cuando coincide el salario: 4800, el apellido está en forma ascendente: Austin, Pataballa.

WHERE

Sabemos ya seleccionar campos y manipularlos un poco con funciones o concatenando, y además ordenarlos pero siempre han sido todas las filas de la tabla. Para filtrar según determinadas condiciones se utiliza la cláusula WHERE, de esta forma escogemos qué filas seleccionar.

Listemos el número de departamento y el apellido de los empleados del departamento 10. Una forma de hacerlo es diciendo que el campo sea igual a ese valor de la siguiente forma.

```
SELECT
  department_id,
  last_name
FROM
  employees
WHERE
  department_id = 10;
```

En el caso anterior tenemos una condición. Y las condiciones son del estilo:

campo operador valor

Donde el operador puede ser: =, >=, >=, <, >, !=, <>, ~=. Los tres últimos son distintas formas de escribir: distinto o que no es igual. Cuando tenemos que poner varias condiciones se colocan una tras otra unidas por: AND u OR según se quiera se cumplan ambas o una de ellas.

Si ahora lo que nos piden son los empleados de los departamentos 10, 20, 40 y 110. Podemos pensar en hacer lo siguiente.

```
SELECT
  department_id,
  last_name
  FROM
  employees
WHERE
  department_id = 10 AND
  department_id = 20 AND
  department_id = 40 AND
  department_id = 110
;
```

Pero esto no va a dar ninguna fila, ni error. ¿Por qué? Ninguna fila cumple la condición de que el empleado sea del departamento 10 y 20 y 40 y 110. El empleado solo está en un departamento no en varios.

Lo que realmente entendemos se quiere es los empleados que sean del 10, pero también los que son del 20, más los del 40 y los del 110, es decir, que están en uno de esos, no en todos y eso es:

```
SELECT
  department_id,
  last_name
FROM
  employees
WHERE
  department_id = 10 OR
  department_id = 20 OR
  department_id = 40 OR
  department_id = 110
;
```

```
DEPARTMENT_ID LAST_NAME
------------- -------------------------
           10 Whalen
           20 Hartstein
           20 Fay
           40 Mavris
          110 Higgins
          110 Gietz

6 rows selected.
```

IN

```
{campo | expresión} [NOT] IN lista_de_valores
```

Otra forma de escribir la anterior consulta es con el operador IN.

```
SELECT
  department_id,
  last_name
FROM
  employees
WHERE
  department_id IN (10, 20, 40, 110);
```

Veamos otro ejemplo de este estilo. Listemos número de departamento, apellido y nombre de quienes tengan de apellido King, Smith o Grant. Cuando trabajamos con contenido que es alfanumérico o de tipo fecha, estos van entre comillas simples, no con comillas dobles las cuales se utilizan para los alias.

```
SELECT
  department_id,
  last_name,
  first_name
FROM
  employees
WHERE
  last_name IN ('King','Smith','Grant');
```

Nos salen dos empleados por cada apellido dando seis en total. Aquí sí que es importante escribir tal y como está el texto en la base de datos, es decir, si en la base de datos está: «Smith» y nosotros buscamos «smith» o «SMITH» no coincide y por lo tanto no se selecciona esa fila.

```
DEPARTMENT_ID LAST_NAME                       FIRST_NAME
------------- ------------------------------  ------------
           50 Grant                           Douglas
              Grant                           Kimberely
           80 King                            Janette
           90 King                            Steven
           80 Smith                           Lindsey
           80 Smith                           William

6 rows selected.
```

Respecto al contenido de un campo sí se tiene en cuenta mayúsculas, minúsculas, tildes. El resto de texto utilizado es indiferente. Y con resto del texto me refiero a las palabras reservadas, nombres de las tablas, nombres de campos, operadores. Así que «María» es distinto de «Maria», de «MARÍA» y cualquier otra variación. Por defecto el gestor —Oracle— es sensible a mayúsculas y minúsculas. Esto depende de cómo esté configurado el gestor.

Si lo que queremos es justamente lo contrario, los empleados que su apellido no es ni King, ni Smith, ni Grant simplemente se antepone la palabra NOT a IN, queda de la siguiente forma:

```
SELECT
  department_id,
  last_name,
  first_name
FROM
  employees
WHERE
  last_name NOT IN ('King','Smith','Grant')
;
```

LIKE

```
{campo | expresión} [NOT] LIKE {campo | expresión}
[ESCAPE expresión]
```

Si queremos listar a los empleados cuyo apellido empieza por la letra «S» la consulta puede ser con la función SUBSTR que ya utilizamos antes:

```
SELECT
  department_id,
  last_name,
  first_name
FROM
  employees
WHERE
  SUBSTR(last_name,1,1) = 'S';
```

```
DEPARTMENT_ID LAST_NAME                        FIRST_NAME
------------- -------------------------------- -------------
          100 Sciarra                          Ismael
           50 Stiles                           Stephen
           50 Seo                              John
           80 Sully                            Patrick
           80 Smith                            Lindsey
           80 Sewall                           Sarath
           80 Smith                            William
           50 Sullivan                         Martha
           50 Sarchand                         Nandita

9 rows selected.
```

Pero si además queremos que tengan una letra «i» en el apellido en cualquier posición esto se nos complica si queremos hacerlo con funciones. Lo más fácil es utilizar el operador LIKE. Este operador utiliza dos comodines que sirven para indicar un carácter «_» o n

caracteres «%», cero o varios. Por ejemplo, lo dicho de que el apellido empiece por una «S» y tengan una «i» en cualquier parte es:

```
SELECT
   department_id,
   last_name,
   first_name
FROM
   employees
WHERE
   last_name LIKE 'S%i%';
```

DEPARTMENT_ID	LAST_NAME	FIRST_NAME
100	Sciarra	Ismael
80	Smith	Lindsey
80	Smith	William
50	Stiles	Stephen
50	Sullivan	Martha

Ahora otro ejemplo en el que queremos que la tercera letra sea una «t» y la última una «s».

```
SELECT
   department_id,
   last_name,
   first_name
FROM
   employees
WHERE
   last_name LIKE '__t%s';
```

DEPARTMENT_ID	LAST_NAME	FIRST_NAME
50	Matos	Randall
80	Bates	Elizabeth
50	Gates	Timothy

Para que sea una «t» la tercera letra estamos obligando que existan dos caracteres antes, y eso lo hacemos con el comodín de un carácter «_» el guión bajo colocándolo dos veces. Y para asegurarnos que el último carácter es una «s» colocamos al final esa letra. El comodín «%» está indicando que entre la «t» y la «s» puede ir ninguno o *n* caracteres.

Si lo que queremos es justamente los que no cumplen dicha condición se escribe NOT LIKE en vez de LIKE.

ESCAPE

¿Qué pasa cuando lo que buscamos en la cadena de texto es justamente un carácter que es uno de los comodines?, por ejemplo, el guión bajo. ¿Se entiende la situación?, realmente se busca un carácter guión bajo «_» pero va a ser tomado como comodín, es decir, un carácter cualquiera.

Para el ejemplo imaginemos que queremos listar los nombres de las columnas de la tabla de empleados que tienen un guión bajo. Esto lo podemos ver fácilmente si describimos la tabla *employees*.

```
DESC employees;


Name                                      Null?     Type
----------------------------------------- --------- ----------------
EMPLOYEE_ID                               NOT NULL  NUMBER(6)
FIRST_NAME                                          VARCHAR2(20)
LAST_NAME                                 NOT NULL  VARCHAR2(25)
EMAIL                                     NOT NULL  VARCHAR2(25)
PHONE_NUMBER                                        VARCHAR2(20)
HIRE_DATE                                 NOT NULL  DATE
JOB_ID                                    NOT NULL  VARCHAR2(10)
SALARY                                              NUMBER(8,2)
COMMISSION_PCT                                      NUMBER(2,2)
MANAGER_ID                                          NUMBER(6)
DEPARTMENT_ID                                       NUMBER(4)
```

Vemos que el campo *email* y *salary* no deberían salir como resultado de la consulta que se haga. Estamos hablando de información sobre las tablas de la base de datos y eso está en tablas del sistema gestor. Oracle tiene algunas vistas, en este caso para conocer el nombre de las columnas de una tabla nos sirve la vista USER_TAB_COLUMS. Pueden describirla y ver toda la información que tiene sobre las columnas de las tablas. Para el ejemplo nos valen los campos que tienen el nombre de la columna *column_name*, y el nombre de la tabla *table_name*, puesto que lo filtraremos solo para la tabla de empleados y que cumpla la condición de que tenga un guión bajo en alguna parte del nombre de la columna. Previamente ya hemos visto cuales son los valores que deben de salir. Esta es una forma de comprobar que nuestra consulta es correcta. La consulta sería:

```
SELECT column_name
FROM user_tab_columns
WHERE
  table_name = 'EMPLOYEES'
  AND column_name LIKE '%\_%' ESCAPE '\';
```

```
COLUMN_NAME
--------------------------------
EMPLOYEE_ID
FIRST_NAME
LAST_NAME
PHONE_NUMBER
HIRE_DATE
JOB_ID
COMMISSION_PCT
MANAGER_ID
DEPARTMENT_ID

9 rows selected.
```

En este ejemplo se utiliza la barra invertida «\» o *backslash* como carácter de escape, es decir, para indicar que cuando un comodín tenga previamente ese carácter no sea tomado como comodín sino como el carácter que es, en este caso el guión bajo. El resultado descarta las filas que no tienen el guión bajo y deja las que sí lo tienen de la tabla *employees*. El nombre de la tabla *employees* va en mayúscula porque Oracle almacena este tipo de información en mayúscula.

BETWEEN

Ahora listemos el número de departamento, el apellido y salario de los empleados que tengan un salario entre 11000 y 12000 incluidos. Una forma de hacerlo es la siguiente:

```
SELECT
   department_id,
   last_name,
   salary
FROM employees
WHERE
   salary >= 11000
   AND salary <= 12000;
```

Otra forma de obtener un valor entre un rango inclusivo es con BETWEEN. La consulta anterior da los mismos datos que la siguiente:

```
SELECT
   department_id,
   last_name,
   salary
FROM employees
WHERE
   salary BETWEEN 11000 AND 12000;
```

Lo que hay que tener en cuenta es que el primer valor debe ser el menor y el segundo el mayor. Otro ejemplo con cadenas de texto. Por ejemplo, los mismos datos de la consulta anterior pero de quienes su apellido está entre K y L.

```
SELECT
  department_id,
  last_name,
  salary
FROM
  employees
WHERE
  last_name BETWEEN 'K' AND 'M';
```

¿Por qué puse una «M»? Bueno, también podría haber puesto «Lz». El orden es alfabético y es lo que hay que tener en cuenta, junto con los valores que tenemos en la base de datos. Una «M» sola incluye hasta la M, recordad que el rango entre mayor e igual y menor e igual; primero, nadie en la base de datos tiene un apellido que sea solo M, segundo, lo siguiente en orden alfabético sería un Ma y eso ya queda fuera del rango. Soluciones hay varias. El ingenio es parte de la tarea.

Ahora vamos a listar los empleados dados de alta en el 2003. Así que además para asegurarnos mostramos la fecha de alta.

```
SELECT
  department_id,
  last_name, salary,
  TO_CHAR(hire_date,'yyyy-mm-dd') hire_date
FROM
  employees
WHERE
  hire_date
    BETWEEN TO_DATE('2003-01-01',
      'yyyy-mm-dd')
    AND TO_DATE('2003-12-31',
      'yyyy-mm-dd');
```

```
DEPARTMENT_ID LAST_NAME            SALARY HIRE_DATE
------------- -----------        -------- ----------
           90 King                 24000 2003-06-17
           30 Khoo                  3100 2003-05-18
           50 Kaufling              7900 2003-05-01
           50 Ladwig                3600 2003-07-14
           50 Rajs                  3500 2003-10-17
           10 Whalen                4400 2003-09-17

6 rows selected.
```

Lo que se hizo fue condicionarlo para el rango de fechas del año, es decir, entre el primer día del año y el último. Cuando trabajamos con fechas lo mejor es indicar de forma explícita el formato. Debemos convertir a formato fecha el texto que nosotros aportamos, en el ejemplo nosotros aportamos el texto '2003-01-01', y este texto es el primer parámetro de la función TO_DATE, el segundo parámetro es el formato que indica cómo estamos aportando la fecha. A continuación una lista resumen.

SS	Segundos (0-59)
MI	Minuto (0-59)
HH HH12	Hora (1-12)
HH24	Hora (0-23)
D	Día de la semana (1-7)
DAY	Nombre del día con longitud igual al día cuyo nombre tiene mayor longitud, se rellena con espacios en
DD	Día del mes (1-31
MM	Número de mes (01-12)
MON	Nombre del mes abreviado.
MONTH	Nombre del mes con longitud igual al mes cuyo nombre tiene mayor longitud, se rellena con espacios en
YYYY	Año en cuatro dígitos
YY	Año en dos dígitos

Si la fecha que escribimos coincide con el formato que esté establecido o el formato es compatible, la conversión se hace automáticamente pero repito que es un buen hábito que evita problemas el escribir de forma explícita la conversión. Si el formato de la fecha cambiase, o nuestro código se utiliza en otro sitio cuyo formato de fecha fuese diferente, no funcionaría al ser implícito pues depende de que el formato sea compatible, al ser el formato explícito no hay ese problema.

Así como se utiliza TO_DATE para convertir un texto a fecha, existe la función TO_CHAR para convertir una fecha o número a un texto. La función recibe, igualmente, dos parámetros, el primero el valor y el segundo el formato. Mostremos un listado de apellidos y la fecha de alta en un formato: Martes, 17 de Febrero de 2004.

Podríamos pensar en escribir algo como lo siguiente:

```
SELECT
  last_name,
  TO_CHAR(hire_date,
    'DAY, DD de MONTH de YYYY.') Alta
FROM
  employees;
```

Cosas a tener en cuenta. Da error porque no se puede poner texto como «de» así como está, es necesario colocar entre comillas dobles.

```
SELECT
  last_name,
  TO_CHAR(hire_date,
    'DAY, DD "de" MONTH "de" YYYY.') Alta
FROM
  employees;
```

Sin embargo, noten que hay espacios que no necesitamos entre el nombre del día y la coma. Así como entre el nombre del mes y el texto que le sigue. Esto es porque todos tienen la misma longitud. Se rellenan con espacio para igualar al nombre más largo. En el caso del día se igualan a la longitud del miércoles. Así que necesitamos eliminar los

```
LAST_NAME      ALTA
-----------    -----------------------------------
Tuvault        VIERNES  , 23 de NOVIEMBRE  de 2007.
King           VIERNES  , 30 de ENERO      de 2004.
Sully          JUEVES   , 04 de MARZO      de 2004.
McEwen         DOMINGO  , 01 de AGOSTO     de 2004.
Smith          JUEVES   , 10 de MARZO      de 2005.
Doran          JUEVES   , 15 de DICIEMBRE  de 2005.
Sewall         VIERNES  , 03 de NOVIEMBRE  de 2006.
Vishney        VIERNES  , 11 de NOVIEMBRE  de 2005.
Greene         LUNES    , 19 de MARZO      de 2007.
Marvins        JUEVES   , 24 de ENERO      de 2008.
```

espacios sobrantes. Podemos utilizar la función TRIM que elimina caracteres, pero tenemos que concatenar las distintas partes del texto porque no podemos escribir todo dentro de la función TO_CHAR. Además, se darán cuenta que si utilizamos el formato de fecha en mayúscula —DAY—, el día sale en mayúscula, y si lo colocamos de forma capital —Day— sale de esa forma.

```sql
SELECT
  last_name,
  TRIM(TO_CHAR(hire_date,
    'Day'))||
    TRIM(TO_CHAR(hire_date,
    ', DD "de" Month'))||
    TO_CHAR(hire_date,
    ' "de" yyyy.') Alta
FROM
  employees;
```

```
LAST_NAME      ALTA
-----------    -----------------------------------
Grant          Jueves, 24 de Mayo de 2007.
Johnson        Viernes, 04 de Enero de 2008.
Taylor         Martes, 24 de Enero de 2006.
Fleaur         Jueves, 23 de Febrero de 2006.
Sullivan       Jueves, 21 de Junio de 2007.
Geoni          Domingo, 03 de Febrero de 2008.
Sarchand       Martes, 27 de Enero de 2004.
Bull           Domingo, 20 de Febrero de 2005.
```

CASE

Para casos en los que queremos condicionar la forma de salida de los datos, no los datos a sacar sino la forma, así como están las funciones hay otras características como CASE. Hay dos formas de utilizar CASE.

Supongamos que queremos un listado de los empleados del departamento cincuenta mostrando el apellido en una columna y una palabra en función del salario. «Alto» si supera los 9000, «Bajo» si es menor a 3500 y «Medio» en caso de no ser ninguno de los anteriores casos.

```sql
SELECT
  last_name,
  CASE
    WHEN salary > 9000 THEN
      'Alto'
    WHEN salary < 3500 THEN
      'Bajo'
    ELSE
      'Medio'
  END salario,
  salary
FROM employees;
```

Es preferible mostrar datos como el salario sin modificar por comprobar. Esta forma de utilizar el CASE se basa en analizar la

```
LAST_NAME     SALARIO      SALARY
------------  --------     ----------
Chung         Medio        3800
Dilly         Medio        3600
Gates         Bajo         2900
Perkins       Bajo         2500
Bell          Medio        4000
Everett       Medio        3900
McCain        Bajo         3200
Jones         Bajo         2800
Walsh         Bajo         3100
Feeney        Bajo         3000
OConnell      Bajo         2600
```

condición del WHEN y si se cumple entonces el valor de la columna es el texto especificado. ELSE está opcionalmente para especificar el valor del campo en caso de no cumplirse ninguna condición. ¿Qué pasa si no hay ELSE y no se cumple ninguna condición? ¡Probadlo! Se darán cuenta que el valor es NULL. ¿Qué pasa si se cumplen varias condiciones? Toma el valor de la primera que se cumple.

Las condiciones pueden ser más complejas añadiendo AND, OR, incluir llamadas a funciones, sub-consultas, se puede utilizar operadores como IN, LIKE, tal como las condiciones que escribimos en WHERE. El CASE empieza con la palabra CASE y termina con la palabra END. Dentro se encuentran los «WHEN condición THEN valor» que sean necesarios. Y se le puede colocar un alias para que sea la etiqueta de la columna resultante.

Una segunda forma de utilizar el CASE es en vez de tener condiciones se analiza directamente el valor del campo que se indica a continuación de la palabra CASE. Y en los WHEN va el valor. Por ejemplo, listemos el apellido de los empleados de los departamentos 10, 20, 30 y el número de departamento en letras.

```
SELECT last_name,
  CASE department_id
    WHEN 10 THEN
        'Diez'
    WHEN 20 THEN
        'Veinte'
    WHEN 30 THEN
        'Treinta'
    END
FROM
  employees
WHERE
  department_id IN (10,20,30);
```

```
LAST_NAME    CASEDEP
-----------  -------
Whalen       Diez
Hartstein    Veinte
Fay          Veinte
Raphaely     Treinta
Khoo         Treinta
Baida        Treinta
Tobias       Treinta
Himuro       Treinta
Colmenares   Treinta
```

Funciones de grupo

La tabla de empleados tienen ciento siete empleados, pero ¿cómo podemos sacar ese valor con una consulta? Para ello utilizamos la función de contar COUNT. Y así como esta función hay otras funciones que nos permiten encontrar la suma, el valor máximo, mínimo, medio de un conjunto de datos. Así que vamos a consultar cuántos empleados tenemos, el salario máximo, mínimo y la media de salarios.

```
SELECT
  COUNT(*),
  MAX(salary),
  MIN(salary),
  AVG(salary)
FROM
  employees;
```

```
COUNT(*) MAX(SALARY) MIN(SALARY) AVG(SALARY)
-------- ----------- ----------- -----------
     107       24000        2100  6461.83178
```

COUNT cuenta, pero hay que saber qué cuenta. Cuenta los valores no nulos. Si utilizamos el asterisco (*) está contando las filas, es decir, la tabla de empleados tienen 107 filas, lo que quiere decir que tenemos 107 empleados. Para ser un poco más precisos Oracle no está accediendo a la tabla para contar las filas, para ser más eficiente ya que la tabla de empleados tiene indices asociados, y utiliza esta estructura para realizar un acceso más rápido. Como la tabla tiene un campo que es clave primaria, al menos va a tener un índice que le permite acceder

Si contamos las comisiones, que ya sabemos que no todos los empleados tienen comisión, entonces tiene que salir el número de empleados que tienen comisión: treinta y cinco. Si contamos por el campo número de departamento el valor que nos da es el de empleados que están en un departamento: ciento seis.

```
COUNT(COMMISSION_PCT) COUNT(DEPARTMENT_ID)
--------------------- --------------------
                   35                  106
```

GROUP BY

Ahora queremos saber el salario medio y el máximo de cada departamento. Lo primero que normalmente se nos ocurre escribir es algo como lo siguiente:

```
SELECT
  department_id,
  AVG(salary),
  MAX(salary)
FROM
  employees;

SELECT department_id, AVG(salary), MAX(salary)
       *
ERROR at line 1:
ORA-00937: not a single-group group function
```

Obtendremos un error que indica que la función no es de grupo único. Con la experiencia los mensajes de error empiezan a ser familiares e identificamos más rápido el error. En este caso lo que tenemos que recordar es que si en la lista de campos que tenemos en la SELECT hay uno solo que tiene una función de grupo y hay otros campos que no tienen función de grupo, por sintaxis es necesario agrupar por todos los campos que no tienen función de grupo. En el ejemplo, el campo *department_id* no tiene una función de grupo, entonces, por sintaxis tenemos que agrupar por ese campo ya que el segundo tiene una función de grupo y el tercero también.

```
SELECT
  department_id,
  AVG(salary)
  MAX(salary)
FROM
  employees
GROUP BY
  department_id;
```

```
DEPARTMENT_ID AVG(SALARY) MAX(SALARY)
------------- ----------- -----------
          100  8601.33333       12008
           30        4150       11000
                      7000        7000
           90  19333.3333       24000
           20        9500       13000
           70       10000       10000
          110       10154       12008
           50  3475.55556        8200
           80  8955.88235       14000
           40        6500        6500
           60        5760        9000
           10        4400        4400
```

¿Qué quiero decir con que por sintaxis hay que agrupar por todos los campos que no tienen función de grupo? Supongamos que además de los campos mostrados queremos el apellido del empleado que gana más. Si a la consulta anterior además del *department_id*, *max(salary)*, *avg(salary)* se agrega *last_name* y no se cambia nada más, se vuelve a tener el error de grupo que vimos antes. Esta vez será por el campo de apellido que no tiene una función de grupo, entonces, por sintaxis en el GROUP BY deben colocarse todos los campos que no tienen función de grupo, es decir, tanto *department_id* como *last_name*. Así la consulta funcionará. Pero, ¿nos dará el salario máximo por departamento y el apellido del empleado con ese salario? No. Porque lo que que estará haciendo será obtener el salario máximo por departamento y por apellido. Dicho de otro modo, si en un departamento tenemos a dos King y tres Smith, tendremos por ese departamento dos filas una por cada apellido indicando el salario máximo de los de apellido King y el salario máximo de los de apellido Smith.

Una cosa es que la consulta funcione porque la escribimos bien sintácticamente y otra que sea lo que queremos. Más adelante vamos viendo cómo obtener el salario máximo del departamento y el apellido del empleado, aún nos falta conocer algunas cosas. Poco a poco.

HAVING

Del listado anterior supongamos que queremos filtrar de tal modo que solo queremos los departamentos donde el salario medio es menor a 10 mil. Si escribimos una consulta como la siguiente:

```
SELECT
  department_id,
  AVG(salary)
  MAX(salary)
FROM
  employees
WHERE
  salary < 10000
GROUP BY
  department_id
;


DEPARTMENT_ID AVG(SALARY) MAX(SALARY)
------------- ----------- -----------
          100        7920        9000
           30        2780        3100
                      7000        7000
           20        6000        6000
          110        8300        8300
           50  3475.55556        8200
           80  7847.82609        9600
           40        6500        6500
           60        5760        9000
           10        4400        4400
```

El resultado no es correcto. Observarlo primero por vuestra cuenta comparando con el anterior resultado y pensar el porqué.

Lo que sucede es que primero se filtra las filas de la tabla y nos quedamos con las que el salario es menor a diez mil y de esas filas —no de todas— se calcula la media y el máximo. Así que pensemos bien, lo que se pide no es donde el salario es menor a diez mil sino las filas donde el salario medio es menor a diez mil. Así que podemos pensar en cambiar el texto de *salary* por *avg(salary)*. Y tendremos un error diciendo que la función de grupo no es permitida ahí. ¿Dónde? En el WHERE. Así que el HAVING es el WHERE donde colocar las condiciones que lleven función de grupo. El HAVING siempre va después del GROUP BY. El orden de las cláusulas de la SELECT siempre es el mismo. El indicado en la sintaxis de la SELECT.

```
SELECT
FROM
WHERE
GROUP BY
HAVING
ORDER BY
```

Solo SELECT y FROM son obligatorios. El resto es opcional pero si se utilizan van en el orden indicado.

```
SELECT
  department_id,
  AVG(salary)
  MAX(salary)
FROM
  employees
GROUP BY
  department_id
HAVING
  AVG(salary) < 10000
;
```

```
DEPARTMENT_ID AVG(SALARY) MAX(SALARY)
------------- ----------- -----------
          100  8601.33333       12008
           30        4150       11000
                     7000        7000
           20        9500       13000
           50  3475.55556        8200
           80  8955.88235       14000
           40        6500        6500
           60        5760        9000
           10        4400        4400
```

Veamos otro ejemplo. Listemos los apellidos de los que hay más de un empleado. Es decir, si hay un solo King no debe ser listado pero si tenemos a dos Smith entonces sí.

```
SELECT
  last_name
FROM
  employees
GROUP BY
  last_name
HAVING
  COUNT(*) > 1
;

LAST_NAME
-------------
Cambrault
Grant
King
Smith
Taylor
```

Pueden mostrar el campo que muestra el número de filas a modo de comprobar que es mayor de uno. Y luego se puede quitar.

UNION

Algunas veces no podemos obtener toda la información que queremos en la misma SELECT ya que son valores que no es posible obtener de esa forma, los obtenemos con consultas separadas, entonces podemos unir ambos conjuntos de datos. Lo que necesitamos es que los conjuntos de datos tengan el mismo número de campos y coincidan en el tipo de dato en cada campo.

Saquemos en un mismo listado el número de departamento con la suma de salarios y además una fila que muestre el total. Son consultas distintas, por un lado, una SELECT que nos de el número de departamento y la suma de salarios de cada uno, y por otro lado, la suma total.

```
SELECT
  TO_CHAR(department_id) Departamento,
  SUM(salary)
FROM
  employees
GROUP BY
  department_id
```

```
UNION
SELECT
  'Total',
  SUM(salary)
FROM
  employees
ORDER BY
  2 ASC;
```

DEPARTAMENTO	SUM(SALARY)
10	4400
40	6500
	7000
70	10000
20	19000
110	20308
30	24900
60	28800
100	51608
90	58000
50	156400
80	304500
Total	691416

Consideraciones a tener en cuenta: el número de campos debe ser el mismo, en nuestro ejemplo son dos campos, por ese motivo la segunda consulta tienen como primer campo un literal «Total». Y así se asegura que el primer campo cumpla el tipo de dato. Una segunda cuestión es que tienen que coincidir el tipo de dato, en ambas consultas el segundo campo es de tipo numérico pero el primer campo el número de departamento es numérico y el literal es alfanumérico, así que nos vemos en la necesidad de ver la forma de que sean del mismo tipo y decidí por convertir el número de departamento a texto con la función TO_CHAR que convierte un número o una fecha a tipo de dato alfanumérico, además le coloqué un alias. Como vemos las etiquetas usadas para identificar las columnas son los nombres que tenga la primera consulta. Podemos realizar la unión de varias consultas no solo de dos pero la cláusula ORDER BY solo puede haber una y va al final; las referencias en el ORDER BY tienen que ser a los alias o a la posición, es decir, que si no utilizamos referencia a la posición de la columna nos vemos en la obligación de utilizar alias para poder hacer referencia a la columna.

Donde pueden ser muy útiles las operaciones de conjunto es cuando son conjuntos que tienen datos que son de distintas tablas o bases de datos que de una forma directa no pueden ser consultados en una sola SELECT, y por ello se obtienen sus datos en SELECTs independientes para luego combinarlos.

UNION ALL

Cuando realizamos la UNION de consultas si hay filas que se repiten no se muestran puesto que solo saldrán las distintas. Si queremos mostrar todas las filas incluidas las repetidas entonces simplemente se coloca UNION ALL en vez de UNION.

A modo instructivo mostremos los apellidos, por un lado, de quienes cuyo salario está entre 9000 y 10000 incluidos que son del departamento 80, y por otro lado, cuyo salario es mayor a 20000 del departamento 90.

```
SELECT last_name
FROM employees
WHERE salary BETWEEN 9000 AND 10000
   AND department_id = 80
UNION ALL
SELECT last_name
FROM employees
WHERE salary > 20000
   AND department_id = 90;
```

En los resultados tenemos a dos apellidos King. Si fuese solo UNION sale una sola vez. Realizad pruebas como quitar el ALL, añadir campos.

```
LAST_NAME
-----------
Tucker
Bernstein
Hall
King
Sully
McEwen
Greene
Bloom
Fox
King
```

Por supuesto que esta consulta se puede realizar sin operaciones por conjunto, por eso dije a modo instructivo de la sintaxis; solo con las condiciones colocadas de forma adecuada se puede sacar, y sería la mejor forma porque se accede a la tabla una sola vez en vez de dos veces, es decir, imaginad que en un solo recorrido de la tabla ya obtienen los datos versus, recorrer una primera vez para obtener unos datos más una segunda para obtener los segundos y al final unirlos.

MINUS

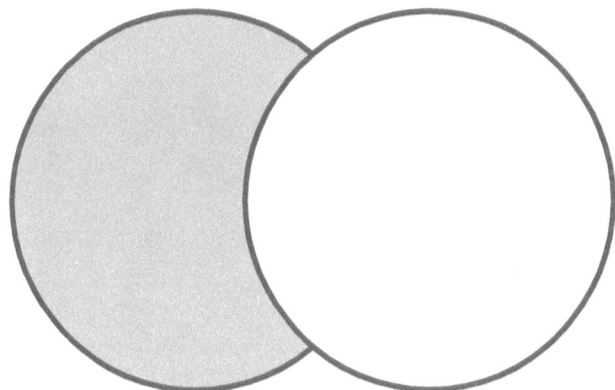

Si queremos de los datos de una primera consulta quitar los que están en una segunda se puede utilizar la operación de conjunto MINUS.

Si a la consulta anterior cambiamos el UNION ALL por un MINUS obtendremos ocho filas ya que no estarán ambos King porque el de la segunda consulta quitará al King de la primera.

Pueden surgir dudas como: ¿qué pasa si en una primera consulta tenemos dos King y en la segunda uno?, ¿se hace como una resta que quita uno solo dejando a uno? No, da igual si en la primera hay varias filas con los mismos datos si en la segunda está lo mismo una sola vez se quita, quedando ninguna.

Para hacer pruebas de concepto y ver cómo funciona basta con inventarse ejemplos, sin necesidad de probar de forma compleja. Por ejemplo, modificando un poco la consulta anterior para que en la primera SELECT tener dos filas iguales y en la segunda una sola.

```
SELECT
  last_name
FROM
  employees
WHERE
  last_name = 'King'
UNION ALL
SELECT
  last_name
FROM
  employees
WHERE
  employee_id = 100;
```

La consulta con UNION ALL nos da tres filas con el valor King, mientras que la siguiente con MINUS no da ninguna fila.

```
SELECT
  last_name
FROM
  employees
WHERE
```

```
  last_name = 'King'
MINUS
SELECT
  last_name
FROM
  employees
WHERE
  employee_id=100;
```

Pruebas simples de concepto como esta sirven para probar una idea. A esto me referí anteriormente sobre cómo enfrentar el desarrollar una consulta que puede ser compleja. Se atrae la idea y de forma simple se prueba. Para luego llevarla al caso complejo.

INTERSECT

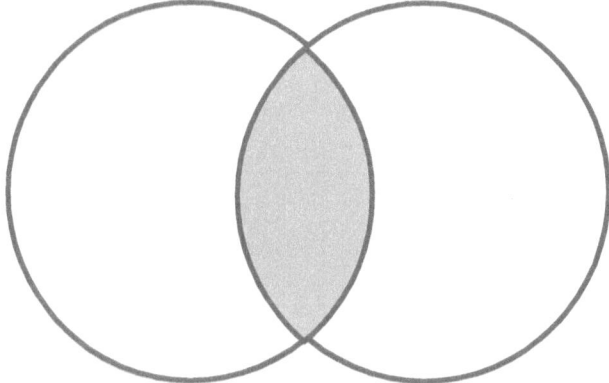

INTERSECT por su parte obtiene las filas que están tanto en la primera consulta como en la segunda evitando duplicados.

```
(SELECT 'MARIA' nombre
FROM DUAL
UNION
SELECT 'JOSE' nombre
FROM DUAL
UNION
SELECT 'JESUS' nombre
```

```
FROM DUAL
UNION
SELECT 'MARIA' nombre
FROM DUAL
)
INTERSECT
(SELECT 'MARIA' nombre
FROM DUAL
UNION
SELECT 'JULIA' nombre
FROM DUAL
UNION
SELECT 'LUCIA' nombre
FROM dual
);
```

En este ejemplo ad-hoc el primer conjunto tenemos los nombres: María, Jose, Jesús, María; y en el segundo conjunto los nombres: María, Julia, Lucía. Al realizar la intersección de conjuntos el nombre que coincide en ambos conjuntos es María. Pueden hacer pruebas como poner tildes a un nombre y al otro no, entonces verán que cuando se trata de datos es importante que sea exactamente, diferente es el resto de texto de las sentencia en lenguaje SQL que es indiferente si escribimos en mayúscula o minúscula.

A veces simplemente buscamos cómo se hace algo en internet o, podemos realizar pruebas simples para probar qué pasa si... Para posteriormente utilizarlo en nuestro problema real más complejo. El fallo habitual es que no hagamos una analogía correcta y pensemos por qué en esta prueba funciona y luego en mi problema no. Será porque no tomamos en cuenta algún aspecto que nos falta por descubrir, o varios.

Ahora practica lo visto.

Día 2 (4-8 horas)

Subconsultas

Las sub-consultas son SELECTs dentro de una SELECT. En muchos casos nos es necesario información que debemos consultar, entonces el resultado de esa consulta lo usamos en otra consulta. Las sub-consultas van entre paréntesis que indican el inicio y fin de la sub-consulta y en algunos casos es obligatorio que tengan un alias.

Subconsultas en las condiciones

Si por ejemplo queremos saber cuál es el apellido del empleado que gana más, una forma de obtenerlo es primero consultar cuál es el salario más alto y posteriormente consultar quién tiene ese salario.

```
SELECT MAX(salary)
FROM employees;
```

Entonces, al consultar el salario máximo obtenemos un 24000.

```
SELECT
    employee_id,
    first_name,
    last_name
FROM
    employees
WHERE
    salary = 24000;
```

```
EMPLOYEE_ID FIRST_NAME            LAST_NAME
----------- --------------------- ------------
        100 Steven                King
```

Así que, quien tiene un salario igual a 24000 es Steven King.

Lo que podemos hacer es colocar la consulta que obtiene ese valor.

```sql
SELECT
  employee_id,
  first_name,
  last_name
FROM
  employees
WHERE
  salary =
    (SELECT MAX(salary)
    FROM employees);
```

Sabemos que tenemos a dos empleados de apellido King que están en diferente departamento. Obtengamos a los compañeros que trabajan en los departamentos donde trabaje algún empleado de apellido King.

```sql
SELECT
  last_name,
  department_id
FROM
  employees
WHERE
  department_id IN
    (SELECT department_id
    FROM employees
    WHERE last_name = 'King')
  AND last_name != 'King';
```

El resultado debe mostrar a los dos empleados del departamento 90 y a los 33 del departamento 80. En el WHERE tenemos dos condiciones, la primera, nos indica los departamentos en los que hay algún 'King', y como es posible que sea más de uno, de hecho lo es porque lo sabemos, pero aún no sea el caso debemos preverlo para evitar el fallo que sería colocar un igual en vez de un IN; la condición con el igual solo funciona cuando es un único valor, y la sub-consulta va a devolver más de uno, por lo tanto, el IN resuelve para varios valores como si fuese un OR. La segunda condición que debe cumplirse, por eso un AND entre ellas, es que no seleccione a los de apellido King para excluirlos del resultado, puesto que queremos solo a los compañeros.

¿Cuáles son las ciudades que tienen empleados? Los empleados están en la tabla *employees*, los departamentos en la tabla *departments*, las ciudades en la tabla *locations*. Y tenemos que saber que para relacionar a los empleados con las ciudades la relación no es directa, primero los empleados están en departamentos, y los departamentos en ciudades. Así que primero podemos listar los departamentos que tienen al menos un empleado, entonces, listamos las localidades que tengan alguno de esos departamentos, y conociendo cuál es su identificador tenemos su nombre.

```sql
SELECT city
FROM locations
WHERE
  location_id IN
    (SELECT location_id
    FROM departments
    WHERE department_id in
      (SELECT department_id
      FROM employees
      GROUP BY department_id
      HAVING COUNT(*) > 0)
    )
;
```

```
CITY
------------------------------
Southlake
Oxford
Toronto
London
Seattle
Munich
South San Francisco
```

Las sub-consultas como en este caso nos permiten obtener una información para con esa obtener otra y así podemos encadenar. ¿El límite? Depende del gestor, en Oracle hasta 255 niveles de anidamiento, es decir, una dentro de otra.

¿Podemos evitar el GROUP BY? Al conocer los datos podemos pensar en que en la tabla de empleados si el campo *deparment_id* tiene valor es porque el empleado está en ese departamento. Entonces los departamentos que se listan en la tabla de empleados son los que tienen empleados. Es decir, no hace falta hacer el GROUP BY con el HAVING. La siguiente consulta nos da los mismos datos.

```sql
SELECT city
FROM locations
WHERE
  location_id IN
    (SELECT location_id
    FROM departments
    WHERE department_id in
      (SELECT DISTINCT department_id
      FROM employees)
    );
```

Hemos obtenido los nombres de las ciudades, sin embargo, ¿si queremos además en una columna contigua el número de empleados? En el primer nivel la consulta es sobre la tabla *locations* donde no existe empleados, por lo que no se puede hacer referencia a los empleados. Recordad que los campos en SELECT son campos que deben existir en el lugar donde se consulta, es decir, lo especificado en el FROM. Cada sub-consulta tiene su FROM.

Dentro de una sub-consulta podemos hacer referencia a un nivel superior para poder relacionar los datos, pero no desde un nivel superior relacionar un nivel inferior, anidado. Por ejemplo, vamos a listar los departamentos y el apellido del empleado que gana más.

```
SELECT department_id, last_name
FROM employees e
WHERE salary =
  (SELECT MAX(salary)
  FROM employees
  WHERE department_id = e.department_id)
;
```

Pensad que vamos a ir recorriendo cada fila de la tabla de empleados, primera fila, lo seleccionamos si el salario es igual a el salario máximo del departamento en el que él está. Y así vamos recorriendo cada fila. Por lo tanto, las filas resultantes serán la de los empleados que su salario coincida con el salario máximo de su departamento. Para calcular el salario máximo de su departamento, ¿cómo sabemos el departamento?, se realiza una referencia a la tabla de empleados de primer nivel gracias al alias que tiene «e», y de esa forma se diferencia de la otra tabla de empleados. Así es como sabe calcular el salario máximo del departamento del empleado que está comprobando en ese momento, fila a fila cada vez.

Subconsultas en el FROM

Supongamos que queremos listar los tres empleados que ganan menos. Podemos ordenarlos por salario de forma ascendente y quedarnos con los tres primeros. En MySQL existe el operador *limit* para indicar cuántas filas queremos listar. En Oracle lo vamos a hacer teniendo en cuenta el número de fila; hay una pseudocolumna llamada ROWNUM que indica el número de fila, pero cuando ordenamos las filas el número de fila va ligado a la fila, es decir, que si cambiamos el orden de las filas el número de fila sigue junto a la fila donde quiera que vaya a parar al ordenarla. Si el empleado que gana menos tiene un ROWNUM treinta y tres por estar en esa posición, cuando ordenamos por salario ascendente saldrá primero, no obstante, sigue siendo treinta y tres el ROWNUM.

Así que, generamos un listado y actuamos sobre ese listado, ya que el ROWNUM del listado es diferente al del listado mismo. Veamos:

```
SELECT
  ROWNUM,
  fila,
  last_name,
  salary
FROM
  (SELECT
    ROWNUM fila,
    last_name,
    salary
  FROM
    employees
  ORDER BY
    salary ASC)
WHERE
  ROWNUM <= 3
;
```

En la subconsulta, que tenemos en el FROM, el ROWNUM es el número de fila en la tabla de *employees*, pero el ROWNUM de la consulta es sobre el número de fila de la subconsulta, que ya esta ordenada y nos interesa las tres primeras filas. Podemos ver cómo difieren al mostrar ambos valores. Los tres empleados que ganan menos tienen como ROWNUM en la tabla de empleados: 33, 29, 37, pero las filas de la subconsulta que tiene su propio orden tiene sus propios ROWNUM.

ROWNUM	FILA	LAST_NAME	SALARY
1	33	Olson	2100
2	29	Markle	2200
3	37	Philtanker	2200

Además, volvemos a ver cómo son necesarios los alias, en este caso para diferenciar el nombre de los pseudocampos, ya que ambos son ROWNUM.

Pensad en la subconsulta como si fuera una tabla sobre la que consultamos. Las columnas son las que tenga la subconsulta, y el nombre de los campos el utilizado en la subconsulta, sea nombre del campo o alias que se utilice.

Realizar una consulta que liste los tres departamentos que tienen el salario medio más alto.

```
SELECT
  department_id,
  media
FROM
  (SELECT
    department_id,
    AVG(salary) media
  FROM
    employees
  GROUP BY
    department_id
  ORDER BY
    media DESC) tablamedias
WHERE
  ROWNUM < 4
;
```

```
DEPARTMENT_ID       MEDIA
------------- -----------
           90  19333.3333
          110       10154
           70       10000
```

La subconsulta en la que se obtiene la media de salarios por departamento, como en el caso anterior, no nos sirve hacer referencia al ROWNUM. ¡Por qué? Porque está asociado al número de fila que no tiene por qué coincidir con el orden que especificamos. Además, no podemos escribirlo en la SELECT ya que al existir un campo con función de grupo, por sintaxis, debemos agrupar por todos los campos que llevan función de grupo. Y eso incluye al ROWNUM si lo escribimos. Y no es lo que queremos pues la media no sería de lo que queremos. Si agrupamos por ROWNUM van a salir todas la filas debido a que el número de fila es único. ¿Cuántas filas tienen ROWNUM 1, ROWNUM 2? Solo una. Serían grupos de a uno. Así que al tener la subconsulta en el FROM es como si fuera una tabla. Llamada «tablamedias», que a su vez al realizar un SELECT sobre esa tiene un ROWNUM que sí corresponde con el orden deseado. Ya que previamente lo ordenamos como queremos, entonces condicionamos para mostrar solo las tres primeras filas.

Subconsultas como campo

Cuando realizamos consultas en las que se ven involucradas agrupaciones, estas son más costosas que consultas de similares características que no lleven GROUP BY. Así que puede ser necesario analizar si se puede optimizar, una forma de mejorar el rendimiento suele ser convertir la consulta que lleva GROUP BY a una consulta que lleva una subconsulta como campo. Por ejemplo, la consulta que nos da la media de salarios por departamento.

```
SELECT
  department_id,
  AVG(salary) media
FROM
  employees
GROUP BY
  department_id
;
```

Si previamente activamos el mostrar la traza que nos indica el coste mediante el mandato: *set autotrace on* después de cada ejecución de una consulta nos muestra el plan de ejecución, los tiempos y el coste. Es posible muestre algunos mensajes de error o advertencia como los mostrados a continuación pero para lo que queremos ver no nos influye.

```
SQL> set autotrace on
SP2-0618: Cannot find the Session Identifier.  Check PLUSTRACE role is enabled
SP2-0611: Error enabling STATISTICS report
SQL> /
```

Id	Operation	Name	Rows	Bytes	Cost (%CPU)	Time
0	SELECT STATEMENT		11	77	4 (25)	00:00:01
1	HASH GROUP BY		11	77	4 (25)	00:00:01
2	TABLE ACCESS FULL	EMPLOYEES	107	749	3 (0)	00:00:01

Entonces, al ejecutar la consulta se muestran los datos y a continuación el plan de ejecución.

Entre la información que se da en este caso se puede ver que realiza un acceso completo a la tabla, es decir, a las 107 filas. Y que el realizar la agrupación por los once departamentos le da un coste de cuatro. Ahora vamos a ver qué coste tenemos si obtenemos los mismos datos pero sin realizar un GROUP BY.

```
SELECT
  department_id,
  (SELECT AVG(salary)
   FROM
     employees
   WHERE
     department_id = departments.department_id
   ) media
FROM
  departments
;
```

```
| Id | Operation                      | Name               | Rows | Bytes | Cost (%CPU)| Time     |
------------------------------------------------------------------------------------------------------
|  0 | SELECT STATEMENT               |                    |   27 |   108 |    1    (0)| 00:00:01 |
|  1 |  SORT AGGREGATE                |                    |    1 |     7 |            |          |
|  2 |   TABLE ACCESS BY INDEX ROWID  | EMPLOYEES          |   10 |    70 |    2    (0)| 00:00:01 |
|* 3 |    INDEX RANGE SCAN            | EMP_DEPARTMENT_IX  |   10 |       |    1    (0)| 00:00:01 |
|  4 |  INDEX FULL SCAN               | DEPT_ID_PK         |   27 |   108 |    1    (0)| 00:00:01 |
------------------------------------------------------------------------------------------------------

Predicate Information (identified by operation id):
------------------------------------------------------

   3 - access("DEPARTMENT_ID"=:B1)
```

El coste es menor pues es de uno. Se calcula la media de salarios del departamento en cuestión y se accede por índice que agiliza la búsqueda. Ya no se accede a recorrer las 107 filas de la tabla de empleados. El acceso es a través de índice, es directo a las filas ya que en la condición se hace referencia a la clave primaria de la tabla de departamentos que es el número del departamento. Por ser clave primaria por defecto tiene un índice asociado. Imaginemos un índice como una pequeña tabla en la que se tiene el campo en cuestión (el número de departamento) y una referencia a la fila (ROWID es el identificador de la fila que maneja Oracle internamente. Una pseudocolumna que puede seleccionarse al consultar).

Así se calcula la media de salarios del departamento (en la subconsulta) que en ese momento indique la fila de la tabla de departamentos de la consulta.

El resultado es para todos los departamentos aunque no tengan empleados, por eso algunos departamentos no tienen valor en la media. ¿Y si solo queremos listar los que tienen valor? No nos deja condicionar de tal forma que la media que nos da la subconsulta no sea nula. Así que una alternativa es poner dicho resultado como subconsulta en un FROM y como si fuese una tabla realizar la consulta. Algo como lo siguiente:

```
SELECT
  department_id
  media
FROM
  (SELECT
    department_id,
    (SELECT AVG(salary)
    FROM employees
    WHERE department_id = departments.department_id
    ) media
  FROM departments
  )
WHERE
  media IS NOT NULL;
```

Vemos como pueden poco a poco adquirir complejidad las consultas al anidarlas. En este último ejemplo las tenemos en el FROM y como campo. Por ello muchas veces es mejor afrontar el problema intentando obtener datos que nos acerquen a lo que queremos, puede que la solución sea una consulta sobre unos datos obtenidos por otra consulta. Algunas veces nos encontramos con limitaciones o inconvenientes como lo del ROWNUM que no nos sirve al momento de aplicar un ORDER BY, o que no podemos hacer referencia a un alias que es una subconsulta. La solución puede estar en anidar esa consulta para que pase a ser una subconsulta sobre la cual consultar.

JOIN

Hasta el momento solo hemos trabajado con consultas sobre una sola tabla. Para consultas en las que se involucra más de una tabla debemos tener claro cómo relacionarlas. Porque, qué pasa si listamos el apellido de los empleados y el nombre del departamento. Sabemos que el nombre del empleado está en la tabla de empleados y el nombre del departamento en la tabla de departamentos. Entonces, si escribimos algo como lo siguiente:

```
SELECT last_name, department_name
FROM employees, departments;
```

El resultado es 2889 filas. ¿Por qué? Porque relaciona toda las filas de empleados con las de departamentos: 107x27. Esto es lo que se le llama un producto cartesiano. Y no es lo que queremos. Lo que queremos es que cada empleado esté con el departamento que le corresponde. Para eso tiene la tabla de empleados el número de departamento que lo indica. Y es por ese campo que podemos conocer el identificador del departamento, con el cual si vamos a la tabla de departamentos podemos consultar la información de ese departamento. En otras palabras, tenemos que especificar por qué campo se relacionan las tablas.

Así que la SELECT anterior puede quedar de la siguiente forma:

```
SELECT
  last_name,
  department_name
FROM
  employees,
  departments
WHERE
  employees.department_id = departments.department_id
;
```

En la condición que se muestra en el WHERE se está diciendo que solo queremos las filas donde el número de departamento que está en la tabla de empleados sea el mismo que el número de departamento de la tabla de departamentos. Y esta condición la cumplen 106 filas de las 2889. Son 106 empleados de los 107 lo que tienen asociado un número de departamento. O dicho de otro modo, son las filas que se relacionan.

La sintaxis que hemos visto es una de las utilizadas previo a las JOINs que vamos a ver. De esta forma cada relación entre las tablas se específica con condiciones en el **WHERE**. Veamos cómo es el mostrar el nombre del empleado, nombre del departamento, ciudad y el país de los empleados que viven en *Seattle*.

```
SELECT
  last_name,
  e.department_id,
  department_name,
  city,
  country_name
FROM
  employees e,
  departments d,
  locations l,
  countries c
WHERE
  (e.department_id = d.department_id
  AND d.location_id = l.location_id
  AND l.country_id = c.country_id)
  AND city = 'Seattle'
;
```

Las tablas tiene alias, lo he puesto por simplificar el nombre. En realidad todos los campos pueden llevar el nombre de la tabla (o alias si lo tiene) antes del nombre del campo por mayor claridad. Donde sí que estamos obligados a colocarlo es cuando un campo se llama igual en más de una tabla. El gestor da un error indicando que hay una columna ambigua, no sabe cuál es a la que nos referimos. Entonces debemos indicarlo. En el ejemplo es el caso del número de departamento en la selección de campos.

He puesto entre paréntesis las condiciones que indican la relación entre las tablas por resaltarlas, lo que importa es tener en cuenta el tipo de condiciones que utilicemos: **AND, OR**. Las que deben cumplirse sí o sí son las que indican la union de las tablas. Además del resto de condiciones que necesitemos se cumplan.

Un ejemplo similar, en el que ahora mostraremos el número de empleado, el nombre, apellido, número y nombre de departamento, id del jefe del empleado, id del jefe del departamento, ciudad, y país de los empleados que sean de *Seattle* o *Roma* y que tengan un salario mayor a 10 mil o menor a 6 mil.

```
SELECT
  employees.employee_id,
  employees.first_name,
  employees.last_name,
  departments.department_id,
  departments.department_name,
  employees.manager_id,
  departments.manager_id,
  locations.city,
  countries.country_name
FROM
  employees,
  departments,
  locations,
  countries
WHERE
  (employees.department_id = departments.department_id
  AND departments.location_id = locations.location_id
  AND locations.country_id = countries.country_id)
  AND city IN ('Seattle','Roma')
  AND (salary > 10000 OR salary < 6000);
```

En este ejemplo no utilizo alias en las tablas y coloco el nombre de las tablas antes de cada campo. Además añado tres condiciones. Dos condiciones sobre el salario son con un OR entre medias, y entre paréntesis porque deben cumplirse una o la otra pero sí o sí las otras. Hay que tener cuidado con las condiciones, más aún cuando mezclamos AND y OR. Ser explícitos es lo mejor.

JOIN USING

Otra forma de escribir la consulta anterior puede ser de la siguiente forma:

```
SELECT
  employees.employee_id,
  employees.first_name,
  employees.last_name,
  department_id,
  departments.department_name,
  employees.manager_id,
  departments.manager_id,
  locations.city,
  countries.country_name
FROM
  employees
  JOIN departments USING(department_id)
  JOIN locations USING(location_id)
  JOIN countries USING(country_id)
WHERE
  city IN ('Seattle','Roma')
  AND (salary > 10000 OR salary < 6000);
```

La diferencia está en que la unión de las tablas está reflejada en el FROM. Se especifica el nombre del campo con el que se relacionan las tablas en USING. Y este campo no puede llevar cualificador, es decir, el nombre de la tabla. Claro está que en ambas tablas el campo tiene que llamarse igual. Por una parte facilita la escritura pero por otro lado, por las restricciones, hacen que a veces no se pueda utilizar.

NATURAL JOIN

La unión natural relaciona las tablas por todos los campos que tienen el mismo nombre. Por ejemplo, la siguiente consulta en la que listamos el id, nombre, apellido de los empleados y el id, nombre del departamento, además del campo *manager_id*.

```
SELECT
  employees.employee_id,
  employees.first_name,
  employees.last_name,
  department_id,
  departments.department_name,
  manager_id
FROM
  employees
  NATURAL JOIN departments;
```

Cuando estamos aprendiendo lo típico es pensar rápidamente que tenemos a los 106 empleados porque ya hemos visto que son los que se relacionan con la tabla de departamentos. Pero salen 32 filas. La pista está en el campo *manager_id*. Recordad lo que dije líneas atrás de que se relacionan las tablas por todos los campos que tienen el mismo nombre. En ambas tablas hay dos campos que coincide el nombre. Estamos listando a los empleados que tienen como jefe de empleado al mismo que es jefe del departamento en el que están. En las tablas que tenemos el *manager_id* de la tabla de empleados indica quién es el jefe del empleado, y el *manager_id* de la tabla de departamentos indica quién es el jefe del departamento.

No se puede colocar un cualificador al campo por el que se están relacionando las tablas. En nuestro ejemplo, *manager_id* y *department_id*. Lo principal es saber qué es lo que estamos haciendo para no obtener datos que no representan la respuesta a lo que queremos preguntar.

En este caso veamos cómo se escribiría en las diferentes formas que hemos visto de escribir la consulta.

```
SELECT
  employees.employee_id,
  employees.first_name,
  employees.last_name,
  departments.department_id,
  departments.department_name,
  employees.manager_id
FROM
  employees,
  departments
WHERE
  employees.department_id = departments.department_id
  AND employees.manager_id = departments.manager_id;
```

Y con un Join Using es:

```
SELECT
  employees.employee_id,
  employees.first_name,
  employees.last_name,
  department_id,
  departments.department_name,
  manager_id
FROM
  employees
    JOIN departments USING(department_id, manager_id);
```

JOIN ON

Mi preferida es esta opción donde queda explícita la consulta. Se indica de qué campo y de qué tabla, queda así:

```
SELECT
  employees.employee_id,
  employees.first_name,
  employees.last_name,
  departments.department_id,
  departments.department_name,
  employees.manager_id,
  departments.manager_id,
```

```
  locations.city,
  countries.country_name
FROM
  employees
  JOIN departments
    ON employees.department_id
      = departments.department_id
  JOIN locations
    ON departments.location_id
      = locations.location_id
  JOIN countries
    ON locations.country_id
      = countries.country_id
WHERE
  locations.city IN ('Seattle','Roma')
  AND (employees.salary > 10000
    OR employees.salary < 6000);
```

Se puede utilizar alias para las tablas, y los campos que pueden dar error de columna definida de forma ambigua siempre tienen que llevar el nombre de la tabla a la que pertenecen para evitar el error. En caso de que queremos solo los datos relacionados nos es indiferente de qué tabla pues contienen el mismo valor. Cuando queremos además de los datos relacionados datos que no se relacionan entonces tenemos que recurrir a las OUTER JOIN.

LEFT JOIN

Sabemos que tenemos 107 empleados que al relacionarlos con las filas de la tabla de departamentos se quedan en 106, es decir, hay un empleado que no está en un departamento, pues bien, vamos a sacar esa fila.

```
SELECT
  employees.employee_id,
  employees.first_name,
  employees.last_name,
```

```
  departments.department_id,
  departments.department_name,
  employees.manager_id,
  departments.manager_id,
  locations.city,
  countries.country_name
FROM
  employees
  LEFT JOIN departments
    ON employees.department_id
      = departments.department_id
  LEFT JOIN locations
    ON departments.location_id
      = locations.location_id
  LEFT JOIN countries
    ON locations.country_id
      = countries.country_id;
```

Lo que tenemos que tener en cuenta es el orden en el que escribimos las tablas. En nuestro caso escribo primero la tabla de empleados y luego la de departamentos, entonces al utilizar LEFT JOIN, estamos indicando que de esa unión queremos todas las filas de la tabla de la izquierda: *employees*. Y a esa unión luego la relacionamos con la tabla de localidades, y si no decimos que queremos todas las filas de la izquierda perdemos la fila que no está relacionada. Así que volvemos a decir LEFT JOIN. Una vez están unidas las tres tablas lo repetimos con una cuarta que es la de países.

RIGHT JOIN

Right Join es para en caso de indicar que las filas que queremos son de la tabla que hemos escrito a la derecha. Ahora imaginar que queremos listar todos los departamentos.

```
SELECT
  employees.employee_id,
  employees.first_name,
```

```
  employees.last_name,
  departments.department_id,
  departments.department_name,
  employees.manager_id,
  departments.manager_id,
  locations.city,
  countries.country_name
FROM
  employees
  RIGHT JOIN departments
    ON employees.department_id
       = departments.department_id
  LEFT JOIN locations
    ON departments.location_id
       = locations.location_id
  LEFT JOIN countries
    ON locations.country_id
       = countries.country_id;
```

Tenemos 122 filas en las que se muestran las 106 filas que tienen información de empleados y las 16 filas que solo tienen información del departamento, localidad y país porque tienen relación, sino también saldrían a NULL como en la parte correspondiente a campos de la tabla *employees*. En estos casos sí que debemos tener en cuenta que si mostramos el número de departamento el de la tabla de empleados esta vacío cuando no se relaciona con la tabla de departamentos.

EMPLOYEE_ID	FIRST_NAME	LAST_NAME	DEPARTMENT_ID	DEPARTMENT_ID	DEPARTMENT_NAME	MANAGER_ID	MANAGER_ID	LOCATION_ID
102	Lex	De Haan	90	90	Executive	100	100	1700
108	Nancy	Greenberg	100	100	Finance	101	108	1700
109	Daniel	Faviet	100	100	Finance	108	108	1700
110	John	Chen	100	100	Finance	108	108	1700
111	Ismael	Sciarra	100	100	Finance	108	108	1700
112	Jose Manuel	Urman	100	100	Finance	108	108	1700
113	Luis	Popp	100	100	Finance	108	108	1700
205	Shelley	Higgins	110	110	Accounting	101	205	1700
206	William	Gietz	110	110	Accounting	205	205	1700
				120	Treasury			1700
				130	Corporate Tax			1700

Variar las columnas a mostrar para entender mejor lo que se muestra. También pueden probar a mezclar las sintaxis vistas.

Si ahora queremos de ambos lados, todas las filas se relacionen o no entonces realizamos una FULL JOIN.

FULL JOIN

Muestra todas las filas, 150 filas. Los 107 empleados, 27 departamentos, 23 localidades y 25 países. Claro, hay un empleado que no tiene departamento, así mismo hay ciudades sin departamentos y países sin ciudades.

```sql
SELECT
  employees.employee_id,
  employees.first_name,
  employees.last_name,
  departments.department_id,
  departments.department_name,
  employees.manager_id,
  departments.manager_id,
  locations.city,
  countries.country_name
FROM
  employees
  FULL JOIN departments
    ON employees.department_id
       = departments.department_id
  FULL JOIN locations
    ON departments.location_id
       = locations.location_id
  FULL JOIN countries
    ON locations.country_id
       = countries.country_id;
```

En Oracle se puede obviar la palabra OUTER cuando escribimos LEFT JOIN, RIGHT JOIN y FULL JOIN en vez de LEFT OUTER JOIN, RIGHT OUTER JOIN y FULL OUTER JOIN.

En MySQL el FULL JOIN nos toca realizarlo con la unión de un LEFT JOIN y un RIGHT JOIN, sería algo así para el caso solo de dos tablas, la de empleados y departamentos:

```
SELECT
  employees.employee_id,
  employees.first_name,
  employees.last_name,
  departments.department_id,
  departments.department_name,
  employees.manager_id,
  departments.manager_id
FROM
  employees
  LEFT JOIN departments
    ON employees.department_id =
departments.department_id
UNION
SELECT
  employees.employee_id,
  employees.first_name,
  employees.last_name,
  departments.department_id,
  departments.department_name,
  employees.manager_id,
  departments.manager_id
FROM
  employees
  RIGHT JOIN departments
    ON employees.department_id =
departments.department_id;
```

En un conjunto tenemos a todos los empleados, incluso a ese 107 que no se relaciona y lo unimos al segundo conjunto en el que están todos los departamentos. Al ser un UNION recuerden los datos son los distintos, no se muestran duplicados pues no es un UNION ALL. De esta forma obtenemos lo mismo que un FULL JOIN entre empleados y departamentos. Ahora, con este pequeño ejemplo de dos tablas ven como puede complicarse un poco, ¿se dan cuenta de que si queremos lograr el FULL JOIN de empleados, departamentos, localidades y países ya no es tan fácil? Podríamos repetir la consulta tantas veces como el número de tablas y en todas utilizar un LEFT JOIN colocando en primer lugar la tabla que nos interesa liste todas las filas, y luego unir los conjuntos para así obtener las 150 filas.

```sql
SELECT
    employees.employee_id,
    employees.last_name,
    departments.department_id,
    departments.department_name,
    employees.manager_id,
    departments.manager_id,
    locations.city,
    countries.country_id
FROM
    employees
    LEFT JOIN departments
        ON employees.department_id
            = departments.department_id
    LEFT JOIN locations
        ON departments.location_id
            = locations.location_id
    LEFT JOIN countries
        ON locations.country_id
            = countries.country_id
UNION
SELECT
    employees.employee_id,
    employees.last_name,
    departments.department_id,
    departments.department_name,
    employees.manager_id,
    departments.manager_id,
    locations.city,
    countries.country_id
FROM
    departments
    LEFT JOIN employees
        ON employees.department_id =
departments.department_id
    LEFT JOIN locations
        ON departments.location_id = locations.location_id
    LEFT JOIN countries
        ON locations.country_id = countries.country_id
```

```
UNION
SELECT
  employees.employee_id,
  employees.last_name,
  departments.department_id,
  departments.department_name,
  employees.manager_id,
  departments.manager_id,
  locations.city,
  countries.country_id
FROM
  locations
  LEFT JOIN departments
    ON departments.location_id
      = locations.location_id
  LEFT JOIN employees
    ON employees.department_id
      = departments.department_id
  LEFT JOIN countries
    ON locations.country_id
      = countries.country_id
UNION
SELECT
  employees.employee_id,
  employees.last_name,
  departments.department_id,
  departments.department_name,
  employees.manager_id,
  departments.manager_id,
  locations.city,
  countries.country_id
FROM
  countries
  LEFT JOIN locations
    ON locations.country_id
      = countries.country_id
  LEFT JOIN departments
    ON departments.location_id
      = locations.location_id
  LEFT JOIN employees
    ON employees.department_id
      = departments.department_id;
```

Bien, esta es una forma de hacerlo si no tenemos un FULL JOIN. Unos gestores pueden dar mayor funcionalidad y facilitar las consultas. Lo importante es conocer qué hace el lenguaje y luego se puede buscar alternativas. No siempre podemos escoger el sistema gestor de base de datos, nos puede venir impuesto. Debemos conocer los conceptos, luego vemos cómo aplicarlos en el gestor específico.

OUTER JOIN en versiones anteriores

Hemos visto cómo escribir las *Joins* pero es posible que nos encontremos con código ya escrito tiempo atrás en el que no se utilizaba estas formas de escribir del estándar SQL:1999. Las OUTER JOIN se indicaban con un más entre paréntesis «(+)» en el lado que se completa con NULL.

```
SELECT
   last_name,
   department_name
FROM
   employees,
   departments
WHERE
   employees.department_id = departments.department_id(+);
```

Esta consulta muestra los 107 empleados, sería equivalente a un LEFT JOIN, mientras que la siguiente es un RIGHT JOIN.

```
SELECT
   last_name,
   department_name
FROM
   employees,
   departments
WHERE
   employees.department_id(+) = departments.department_id;
```

Y no se puede hacer un FULL JOIN en la misma SELECT, es decir, colocar el más entre paréntesis a ambos lados de la condición, que es lo que se nos puede ocurrir hacer.

Ahora practica lo visto.

Durante un curso lo normal es que tome hasta la primera mitad del tercer día el realizar ejercicios con subconsultas y JOIN. Las consultas son la principal parte de aprender SQL, el resto son sentencias más fáciles o puntuales de realizar.

Día 3 (8-12 horas)

DML

El lenguaje de manipulación de datos, dicho de una forma simple, hace referencia a insertar datos en las tablas, modificarlos o eliminarlos, es decir, manipular el contenido de una tabla, no la estructura de la tabla.

Cuando consultamos no estamos alterando los datos almacenados en la base de datos, mientras que si utilizamos las sentencias de manipulación de datos estamos ya alterando esos datos, durante nuestra sesión, es decir, que en otra sesión no se ven los cambios que estamos visualizando nosotros en nuestra sesión. Por lo tanto, nuestras acciones están pendientes de validar (COMMIT) o de deshacer (ROLLBACK). Este es el comportamiento que tiene Oracle, y lo veremos al trabajar desde una terminal, porque si estamos trabajando desde una aplicación depende de cómo esté configurada la herramienta, puesto que puede realizar una validación por cada ejecución que realicemos provocando que todo lo que hagamos sea persistente, es decir, se realice realmente en la base de datos y no se pueda realizar un deshacer.

INSERT

Trabajamos con tablas, y estas tienen filas, cuando se inserta una nueva fila pensar que es toda la fila aunque solo le demos valor a unos campos, el resto están a NULL o el valor por defecto que pueda tener el campo. Digo esto para que quede claro que cuando se inserta datos en una tabla solo estamos insertando los datos que facilitamos para un grupo de campos del total de campos que tiene la tabla.

Para que un INSERT se lleve a cabo debe corresponderse el valor que le damos para el tipo de campo donde queremos almacenar el dato, los sistemas gestores suelen realizar transformaciones de tipo de dato por defecto pero mejor si se hace de forma explícita. Me refiero a que si el campo es de tipo numérico e insertamos un valor que aunque escrito sea un número pero lo colocamos entre comillas simples, eso indica que es alfanumérico no número, entonces el gestor convertirá ese dato alfanumérico a numérico automáticamente, sin embargo, podemos evitar esa conversión dando el dato en forma numérica. Además, para realizar el INSERT se tiene que dar como mínimo valor a los campos NOT NULL, es decir, si se obliga a dar valor porque no admite nulos y no tiene valor por defecto hay que dárselo, de lo contrario, como debe de ser, el gestor da un error indicando que determinado campo no puede ser nulo.

Si describimos la tabla de empleados vemos qué campos son NOT NULL, y por lo tanto tenemos que aportar como mínimo valores para esos campos.

```
SQL> desc employees;
 Name                                      Null?    Type
 ----------------------------------------- -------- ----------------------------
 EMPLOYEE_ID                               NOT NULL NUMBER(6)
 FIRST_NAME                                         VARCHAR2(20)
 LAST_NAME                                 NOT NULL VARCHAR2(25)
 EMAIL                                     NOT NULL VARCHAR2(25)
 PHONE_NUMBER                                       VARCHAR2(20)
 HIRE_DATE                                 NOT NULL DATE
 JOB_ID                                    NOT NULL VARCHAR2(10)
 SALARY                                             NUMBER(8,2)
 COMMISSION_PCT                                     NUMBER(2,2)
 MANAGER_ID                                         NUMBER(6)
 DEPARTMENT_ID                                      NUMBER(4)
```

Entonces, para realizar un INSERT en la tabla de empleados basta con algo como lo siguiente:

```
INSERT INTO employees(
  employee_id,
  last_name,
  email,
  hire_date,
  job_id)
VALUES(
  666,
  'Fox',
  'LFOX',
  SYSDATE,
  'AD_PRES');
```

Una vez ejecutada la sentencia nos notifica que se creó una fila. Podemos consultar la tabla para ver lo que acabamos de insertar. Los campos a los que no dimos valor están a NULL. Si consultan cuántos empleados hay debemos de tener 108.

Los datos se insertan tal y como los damos, recordad que cuando se trata del contenido sí importa si se utiliza mayúsculas o minúsculas. En el ejemplo se da como fecha de alta la variable SYSDATE que indica la fecha actual, esto es muy utilizado para indicar precisamente eso, el momento en el que se realiza la acción.

EMPLOYEE_ID	LAST_NAME	EMAIL	HIRE_DATE	JOB_ID
666	Fox	LFOX	18-FEB-19	AD_PRES

Podemos tener errores típicos que pueden ir desde no dar igual número de valores para los campos especificados, o sea indicamos que vamos a dar valor a cinco campos y colocamos un número de valores diferente. También que el tipo no es el adecuado, se excede la precisión o longitud del campo, por ejemplo es un VARCHAR2(5) y damos más de cinco caracteres. Sumado a controles de validación de *constraints* que tenga la tabla que pueden comprobar que olvidamos dar valor a un campo NOT NULL, que exista el valor en otra tabla al ser una clave ajena como puede ser en nuestro ejemplo el código de trabajo *job_id*; si no se admite valores repetidos, entre otras situaciones.

Los valores pueden ser proveídos por sub-consultas o funciones pero cuando estamos utilizando un VALUES solo puede ser una fila, en Oracle ya que en MySQL sí se puede. Simplemente existe otros caminos para hacerlo como realizar uniones de consultas, la funcionalidad de INSERT múltiple. Solo comento su existencia para que sepan qué buscar, no se pretende ser exhaustivo en casos como estos.

```sql
INSERT INTO employees(
  employee_id,
  last_name,
  email,
  hire_date,
  job_id)
VALUES(
  999,
  'McGuinnis',
  'TMCGUINNIS',
  TO_DATE('2487-06-12','yyyy-mm-dd'),
  (SELECT job_id
  FROM employees
  WHERE salary =
    (SELECT MIN(salary)
    FROM employees))
  );
```

EMPLOYEE_ID	LAST_NAME	EMAIL	HIRE_DATE	JOB_ID
999	McGuinnis	TMCGUINNIS	12-JUN-87	ST_CLERK

Si consultamos tendremos los datos de la nueva fila creada. Si queremos deshacer lo realizado simplemente escribimos el mandato:

```sql
ROLLBACK;
```

Las fechas es recomendable colocarlas en forma explícita, es decir, con la función TO_DATE e indicando el formato en el que se da la fecha. Una alternativa es cambiar el formato de fecha de la sesión para que se ajuste a el formato que utilicemos. Cuando el formato de fecha de la sesión es compatible con el formato dado puede convertirlo sin problema pero para evitar errores de formato de fecha lo mejor es que sea explícito.

Si en algún momento quieren cambiar el formato de fecha para la sesión, se cambia el parámetro NLS_DATE_FORMAT y sería así:

```
ALTER SESSION SET nls_date_format = 'yyyy-mm-dd'
```

```
SQL> alter session set nls_date_format='yyyy-mm-dd';
Session altered.
SQL> select employee_id,last_name,email,hire_date,job_id from employees where employee_id=999;

EMPLOYEE_ID LAST_NAME  EMAIL                    HIRE_DATE  JOB_ID
----------- ---------- ------------------------ ---------- ----------
        999 McGuinnis  TMCGUINNIS               2487-06-12 ST_CLERK
```

También podemos insertar datos que obtengamos de una SELECT, a modo de ejemplo vamos a seleccionar los datos de la tabla de empleados realizando algunas modificaciones mínimas para tener datos válidos para poder insertar en la tabla.

```
INSERT INTO employees(
  employee_id,
  last_name,
  email,
  hire_date,
  job_id)
SELECT
  employee_id*10,
  last_name,
  email||employee_id,
  SYSDATE,
  job_id
FROM employees;
```

Como pueden ver en este ejemplo no hay la palabra «VALUES» y los datos los proporciona una sola SELECT. Claro está que puede tener esta consulta anidadas sub-consultas pero no es que una sub-consulta da un único valor para un campo como en el caso anterior, da todos los valores. Este es un caso que con una SELECT se da más juego a poder insertar varias filas.

Algo que quiero añadir es que siempre he puesto en los ejemplos los nombres de los campos a los que se les va a dar valor separados por comas, entre paréntesis, después del nombre de la tabla, si no se ponen se entiende por defecto que en el VALUES se van a colocar igual número de valores que número de campos y orden tienen en la tabla. Recomiendo sea explícito, es decir, colocar los nombres de los campos, una razón es que si la estructura de la tabla cambia, y por ejemplo la tabla pasa a tener un campo más entonces en el VALUES se espera un campo más, y si es un INSERT que forma parte de un código, este código deja de funcionar porque no se da valor a todos los campos, falta uno.

En este ejemplo puramente demostrativo parto de que tenemos los 107 empleados en la tabla de empleados. Para no tener el error de clave principal violada al intentar insertar valores ya existentes multiplico por diez el número de empleado, el email lo concateno con el número de empleado para obtener emails únicos y no se repitan con los existentes. El objetivo de esta prueba es simplemente mostrar que en un solo INSERT se van a insertar 107 filas en la tabla. En total van a estar 214 filas, las 107 existentes y las 107 añadidas.

Ahora imaginen que de esas 107 filas a insertar la fila 100 va a dar error. El punto a donde quiero llegar es ¿se insertan las 99 filas anteriores?, ¿se insertan 106 filas ya que solo la 100 es la que daría el error? La respuesta es no se inserta ninguna. Las operaciones en una base de datos son transacciones de todo o nada. Me refiero a una sentencia en particular, en este caso a un INSERT de 107 filas. Distinto es ejecutar varios INSERT independientes uno tras otro, si falla uno, el resto si son correctos se realizan, son transacciones distintas. Y otro caso es un procedimiento PL/SQL en el que se programa para que todo el procedimiento sea tratado como una sola transacción y así se engloba a varias sentencias.

UPDATE

Cuando actualizamos se actualizan todas las filas de una tabla si no ponemos condiciones. Y recordad que se actualizan todas las filas que cumplan las condiciones o ninguna, el todo o nada.

Vamos a subirles el salario a los empleados un 3%.

```
UPDATE employees
SET salary = salary * 1.03;
```

Las actualización es sobre una sola tabla, podemos añadir sub-consultas tanto en los valores a asignar como en las condiciones.

Si se intenta cambiar un valor como el número de departamento podremos tener errores porque hay filas que referencia dicho valor. Eso gracia a que hay configuradas restricciones (*constraints*) para mantener la consistencia de los datos.

En el siguiente UPDATE se tiene que actualizar 12 filas que cumplen la condición del WHERE, al empleado más antiguo de cada departamento, ya que solo hay uno por departamento que tiene la fecha más antigua, si coincidiera más de uno por departamento se aplica a todos los coincidentes.

```
UPDATE employees ext
SET
  commission_pct = commission_pct+0.01,
  salary =
    salary +
    0.03 *
    (SELECT MAX(salary)
    FROM employees
    WHERE department_id = ext.department_id)
WHERE
    hire_date =
      (SELECT MIN(hire_date)
      FROM employees
      WHERE department_id = ext.department_id);
```

Como ven se puede hacer referencia a la tabla que se actualiza indicada después de **UPDATE**, utilizo un alias «ext» para diferenciarla de la tabla de empleados de la sub-consulta. Se actualizan dos campos, estos van separados por comas cada par: campo y valor, después de la palabra SET. El primero la comisión pasa a incrementarse un 1%, y el segundo campo a modificar es el salario que pasa a incrementarse un 3% del salario más alto del departamento en el que trabaja el empleado.

DELETE

```
DELETE FROM employees
WHERE employee_id = 999;
```

Si no se especifica el **WHERE** entonces son todas las filas de la tabla, caso contrario las filas que cumplan la condición. Las filas no se van a poder eliminar si están siendo referenciadas para mantener la integridad de los datos. Por ejemplo, no pueden eliminar al jefe de un empleado porque ese empleado tiene una referencia al jefe.

Por lo general en una base de datos entran datos y se modifican, no se suelen eliminar, diría que principalmente por motivos tales como legales, de mantener la información durante algún tiempo, o por interés de realizar análisis de los datos de donde surge el *Business intelligence* y el *Big Data*. Aunque un empleado deje de trabajar se seguiría teniendo su información, así se conoce que fue empleado, en qué trabajó, qué tiempo, y toda la información que se tenga puede servir para realizar análisis, en este ejemplo sobre los empleados.

También, se puede tener tablas que son históricos, por ejemplo, una tabla de empleados dados de baja que cuando dejan de trabajar son eliminados de la tabla de empleados activos pero se copian esos datos a la tabla de empleados dados de baja. Comento todo esto por incidir que en realidad las bases de datos van creciendo, se puede borrar datos pero lo más probable es para llevarlos a otro sitio, claro está que se borra información que no es útil, estoy ciñéndome a lo que sea útil.

Anonimizar datos

Incluso puede que por ley se tenga que eliminar datos personales, sin embargo, se puede ver la forma de que esos datos sirvan para análisis y no sea identificable sobre quién son esos datos, es como saber que alguien entro a trabajar tal fecha, la edad, los distintos puestos, profesión y demás datos que no identifiquen a la persona pero den valor para análisis de datos en conjunto.

Sentencias transaccionales

Vuelvo a incidir en que cuando nos conectamos a Oracle hemos iniciado una sesión de trabajo con un usuario y las operaciones que realicemos de manipulación de datos son solo visibles en nuestra sesión, aunque iniciemos una nueva sesión con el mismo usuario los datos de una sesión no se van a ver en la otra hasta que no se validen, hasta que no se hagan persistentes, y eso se consigue al ejecutar una sentencia COMMIT, caso contrario se deshacen los cambios con un ROLLBACK.

Además, recuerdo que si trabajan desde aplicaciones y no desde la terminal, estas aplicaciones suelen tener opciones de configuración tales que suelen realizar automáticamente un COMMIT tras cada ejecución de una sentencia, entonces deben tener en cuenta esto al momento de trabajar.

En Oracle si cierran la sesión de forma abrupta, tal como cerrar la ventana no se valida el trabajo realizado, se hace un ROLLBACK. Pero si se realiza una nueva conexión, en la misma ventana, se valida el trabajo antes de cambiar de sesión. Por ejemplo, las siguientes acciones. Al realizar la segunda conexión se realiza un COMMIT. Por lo tanto, se valida el INSERT que realiza el usuario HR.

```
CONN HR/HR;
INSERT INTO locations(location_id, city)
   VALUES(3300, 'MADRID');
CONN SYSTEM/SYSTEM;
```

Oracle permite crear puntos de restauración durante la sesión de trabajo mediante la instrucción SAVEPOINT, se crea puntos que se les da un nombre y si se realiza una validación COMMIT se eliminan estos puntos e igualmente si se realiza un ROLLBACK sin más; cuando se realiza un ROLLBACK TO *punto_de_restauración* se deshace los cambios hasta ese punto y se elimina los puntos posteriores.

Supongamos la siguiente secuencia de acciones:

```
INSERT INTO locations(location_id, city)
   VALUES(3300, 'MADRID');

SAVE POINT a;
```

```
INSERT INTO locations(location_id, city)
  VALUES(3400, 'BARCELONA');

SAVE POINT b;

INSERT INTO locations(location_id, city)
  VALUES(3500, 'MALAGA');

SAVE POINT c;

INSERT INTO locations(location_id, city)
  VALUES(3600, 'CÓRDOBA');
```

Si se realiza un ROLLBACK TO b; se deshacen las dos últimas inserciones. Y se elimina el punto «c». El punto «a» y «b» siguen. Imaginarlo pintado en una pizarra, en cuanto hacen ROLLBACK hasta un punto se borra todo hasta ese punto.

Si la siguiente acción es un COMMIT se validan las cuatro inserciones y se eliminan los puntos de restauración: a, b, c. Si se realiza un ROLLBACK se deshace las cuatro inserciones y se eliminan todos los puntos de restauración.

Cuando se realiza procedimientos almacenados en el que se realizan varias acciones, puede facilitar, de ser necesario, el hacer un ROLLBACK hasta un punto. Y validar finalmente una serie de acciones. Todo como parte de la lógica del proceso.

DDL

Data Definition Language es la parte del lenguaje SQL que se encarga del manejo de las estructuras de datos a diferencia del DML que se encarga de los datos. En otras palabras se encarga de los objetos de bases de datos tales como tablas, vistas, índices, procedimientos entre otros.

Las sentencias DDL llevan un COMMIT implícito, es decir, que cuando se realiza una de estas operaciones se realiza un COMMIT. Esto hay que tomarlo en cuenta puesto que se estará validando todo el DML pendiente de validar.

CREATE TABLE

Una forma rápida de crear una tabla es a partir de la estructura de otra tabla. Por ejemplo creamos una tabla para almacenar los empleados del departamento sesenta.

```
CREATE TABLE employees_60
AS
SELECT *
FROM employees
WHERE department_id = 60;
```

La estructura de la tabla será la de los campos dados en la SELECT, si seleccionamos dos campos numéricos, uno alfanumérico y otro de tipo fecha, la tabla se crea de esa forma, con cuatro columnas; si la consulta retorna filas la tabla se crea con esos datos, si no retorna filas se crea la estructura y sin datos.

Ahora creo una tabla llamada empleados_30 en la que guardaremos el nombre completo en una columna y el salario total de los empleados del departamento 30.

```
CREATE TABLE employees_30
AS
SELECT
  first_name ||' '|| last_name Nombre,
  salary * (1 + NVL(commission_pct)) Salario
FROM employees
WHERE department_id = 30;
```

El nombre de las columnas son los alias datos. Y describid la tabla para ver de qué tipo son. Cuando es de un campo de una tabla tomará el mismo tipo de dato, precisión y si es NOT NULL como en el primer ejemplo, en el segundo ejemplo toma un tipo de dato y precisión según los datos, el numérico será un NUMBER y el alfanumérico será un VARCHAR2 de precisión según los campos involucrados en la expresión, en el ejemplo son dos campos de 20 y 25 de precisión más el espacio en blanco dan los 46.

```
SQL> desc employees_30;
 Name                                       Null?     Type
 ------------------------------------------ --------- ----------------
 NOMBRE                                                VARCHAR2(46)
 SALARIO                                               NUMBER

SQL> desc employees;
 Name                                       Null?     Type
 ------------------------------------------ --------- ----------------
 EMPLOYEE_ID                                NOT NULL  NUMBER(6)
 FIRST_NAME                                           VARCHAR2(20)
 LAST_NAME                                  NOT NULL  VARCHAR2(25)
```

Ahora bien, cuando creamos una tabla definiendo nosotros los campos hay que hacerlo dando un nombre al campo y el tipo de dato, estos pares van separados por comas y todo entre paréntesis. Además, podemos indicar si el campo es NOT NULL e incluir valores por defecto que actuarán en caso de no dar valor al campo. Una tabla puede simplemente tener un campo como mínimo.

Para consultar información acerca de las tablas en la base de datos podemos recurrir a vistas del diccionario de datos que se llaman:

- USER_TABLES información de las tablas del usuario

- ALL_TABLES información de las tablas sobra las que tiene algún permiso explícito

- USER_TAB_COLUMNS información de las columnas de una tabla

- ALL_TAB_COLUMNS información de las columnas de tablas sobre las que se tiene algún privilegio

Entonces, ¿cómo podemos conocer las tablas que tiene un usuario?

```
SELECT table_name
FROM user_tables;
```

Recordad, lo primero si no conocemos qué campos tiene una tabla (o vista) la describimos para ver qué columnas nos puede interesar seleccionar. Si queremos listar el nombre de las tablas que pertenecen a otro usuario (están en otro esquema), bien podemos tener el privilegio SELECT ANY TABLE para ver cualquier tabla y veríamos todas, o tenemos algún privilegio sobre tablas del usuario y veríamos solo esas, la consulta sería sobre ALL_TABLES. También, podríamos utilizar DBA_TABLES si tenemos rol DBA y así podemos tener acceso a todas las tablas de la base de datos.

```
SELECT table_name
FROM all_tables
WHERE owner = 'SCOTT';
```

Bien, antes de crear una tabla repasemos lo que significa cada una de las *constraints*:

PRIMARY KEY

Nombre
Maria
MARIA
María

~~María~~

Solo puede haber una por tabla. Sin embargo, puede estar formada por varios campos. Una clave primaria se utiliza para identificar la fila, por lo tanto, su valor es único dentro de la tabla y no puede ser nulo. Por defecto se crea un índice único asociado para facilitar el acceso a las filas de la tabla. Entonces, lo recomendable es que sea un solo campo, y si es numérico mejor que alfanumérico, todo esto por optimizar el rendimiento.

Nombre	Apellido
Maria	Lopez
MARIA	López
María	Lopez
~~Mary~~	
María	López

Además, recordad que al momento de realizar búsquedas de las filas lo más rápido será cuando se condiciona por campos que están indexados.

FOREIGN KEY

Una clave foránea hace referencia a una *primary key*, es decir, va a contener el mismo valor, por lo tanto, tiene que estar formada por el mismo número de campos en igual orden, con igual tipo y precisión del dato. Una clave ajena (otro de los nombres usados) puede ser nula y sus valores pueden repetirse en la columna, lo único que controla es que el valor exista en la tabla donde el campo al que se referencia es *primary key*. El nombre del campo puede o no ser el mismo que el del campo donde es clave primaria.

Empno	Sal	...	Deptno
7878			10
7879			20
7979			10
7576			30
7675			
~~7777~~			~~77~~

Deptno	Dname	Loc
10		
20		
30		
40		

FK   PK

UNIQUE

Nombre
Maria
MARIA
María
~~María~~

A diferencia de una *primary key*, una *unique* puede tener valores nulos, y pueden haber varias restricciones de este tipo por tabla. Así mismo puede estar formada por varios campos. Se utiliza para garantizar campos con valores únicos sin que sean claves primarias. Ejemplo: una tabla de empleados donde además del *id* tenemos número de pasaporte, número de seguridad social.

CHECK

Es una restricción que verifica el valor para un campo con condiciones simples, no se puede utilizar sub-consultas, las condiciones son del tipo: =, >, <, >=, <=, !=, IN, LIKE, BETWEEN.

Así mismo tenemos vistas del diccionario de datos en las que consultar información de las *constraints*:

• USER_CONSTRAINTS

• ALL_CONSTRAINTS

• USER_CONS_COLUMNS

• ALL_CONS_COLUMNS

En ALL_CONS_COLUMNS tenemos la información de qué columnas son las afectadas por la *constraint*. En ALL_CONSTRAINTS tenemos información sobre su estado (*estatus*, *validate*), *constraints* a las que se hace referencia en caso de una *foreign key* (*r_constraint_name*, *r_owner*), regla de eliminación (*delete_rule*), índice asociado a la *constraint* (*index_name*, *index_owner*), etc.

Otra alternativa a las vistas ALL_CONSTRAINTS y ALL_CONS_COLUMNS son: USER_CONSTRAINTS y USER_CONS_COLUMNS, en las que la información que nos muestra se limita a las *constraints* pertenecientes al usuario con el que nos hemos conectado.

Un ejemplo de información de las *constraints* donde la tabla se llama *employees*. SELECT, en la que nos indica el propietario, nombre de la tabla, nombre de la columna que tiene la restricción, nombre de la *constraint*, tipo de *constraint*, la condición que deben cumplir las *constraints* tipo CHECK y el estado.

```
SELECT
  owner,
  table_name,
  column_name,
  constraint_name,
  constraint_type,
  search_condition,
  status
FROM
  all_constraints
  join all_cons_columns
    using(owner, table_name, constraint_name)
WHERE
  table_name ='EMPLOYEES';
```

A continuación, planteamos la necesidad de almacenar datos sobre usuarios y teléfonos. Los usuarios pueden tener varios teléfonos y los teléfonos pueden ser utilizados por diferentes usuarios. Entonces, creamos las tablas que vamos a relacionar para ver además cómo añadir restricciones tales como que cada tabla tenga su clave primaria, las de referencia, de unicidad y de verificación.

```
CREATE TABLE usuarios(
  numero        NUMBER NOT NULL,
  nombre        VARCHAR2(128),
  apellido      VARCHAR2(128),
  email         VARCHAR2(128),
  nacido        DATE DEFAULT NULL,
  creado        DATE DEFAULT SYSDATE NOT NULL,
  creado_por    NUMBER,
  cambiado_por  NUMBER,
  cambiado      DATE,
  CONSTRAINT pk_usuarios_numero
    PRIMARY KEY(numero),
  CONSTRAINT uq_usuarios_email
```

```
   UNIQUE(email),
 CONSTRAINT ck_usuarios_nacido
   CHECK(MONTHS_BETWEEN(nacido, creado) >= 216)
);
```

La tabla llamada *usuarios* tiene seis campos, el campo *numero* es la clave primaria, es decir el campo que identifica a la fila y sirve para relacionar con otros campos. El campo *creado* tiene un valor por defecto que es la fecha actual, la idea es que cuando se realice un INSERT tome la fecha del momento en la que se realiza la acción. El campo *email* tiene la restricción de ser un valor único, es decir que no puede haber más de un correo igual en la tabla. El campo *nacido* almacena la fecha de nacimiento que tiene asociada una restricción que controla que sea una fecha mínima de 18 años entre la fecha de nacido y la fecha en la que se crea el registro (la idea es que sea la fecha del momento en el que se ingresa el registro pero bien se podría poner cualquier otra fecha). No podemos hacer referencia directa a la variable del sistema SYSDATE dentro de la CHECK porque el gestor necesita saber que el valor es verdadero o falso en todo momento y al ser una variable no puede garantizarlo, y es por eso que no podemos utilizar una CHECK haciendo referencia a SYSDATE. Entonces, queda en nuestro lado el control de que la fecha de creado sea la del momento de insertar el registro, ¿Cómo? Pues que la única forma de insertar el registro esté bajo nuestro control y siempre sea la fecha por defecto, es decir, la del momento: SYSDATE. ¿Cómo podemos tener ese control? Eso puede hacerse, por ejemplo, que sea un usuario el único que puede insertar en esa tabla y se permite a otros usuarios el añadir un registro a través de un procedimiento que hace el INSERT porque se ejecuta con los permisos del usuario que tiene permiso, y es a través de ese procedimiento que se inserta registros, los permisos a otros usuarios serían para ejecutar ese procedimiento en el que aportan valores para el INSERT pero nosotros aseguramos el valor para la fecha de creación en el código del procedimiento.

Hay dos formas de declarar las restricciones, una puede ser justo en línea con la definición del campo, y la otra después de definir los campos. La que yo utilizo es principalmente la segunda, en la que primero se define el nombre del campo con su tipo, valor por defecto si lo tiene, además de declarar si no admite nulos, y después se declara todas las restricciones a las que se les da un nombre tal que identifique a la restricción para que cuando de el error de que se viola la restricción, el nombre de la restricción que dará sea claro, y por eso utilizo tres partes: el tipo de restricción (pk de *primary key*, fk de *foreign key*, uq de *unique*, ck de *check*), nombre de la tabla, y nombre del campo. El nombre puede ser el que se quiera pero yo utilizo esta nomenclatura por identificar de una mejor forma la *constraint*.

Cada uno puede adoptar la nomenclatura que crea conveniente, quédense con las ideas, los conceptos del porqué. Aquí el porqué es que tengan las *constraints* un nombre que ayude a identificarlas, más aún cuando se den los errores por violar una *constraint*, con solo ver el nombre de la *constraint* saber el porqué puede ser rápidamente. El NOT NULL puede ser declarado como una CHECK para así tenerlo junto al resto de restricciones declaradas y no en línea, sin embargo, cuando se describe la tabla la columna que indica si el campo admite o no nulos no lo indica, por eso prefiero los NOT NULL declararlos en línea, y el resto separado para tener todas las *constraints* en un solo sitio.

Además, noten que coloco todas las restricciones salvo las *foreign key* ya que como hacen referencia a una *primary key* que debe existir, entonces se debe tener en cuenta el orden al crear las tablas. Así que, para evitar tener que llevar un orden, que en casos donde hay más tablas se complica o simplemente porque no es viable (tablas que se referencian mutuamente), dejo el añadir las restricciones de clave foránea para luego de que estén creadas todas las tablas con sus claves primarias.

Los nombres de campos, nombres de *constraints*, nombres de tablas (y en general cualquier objeto) es recomendable que sean letras del alfabeto inglés, se empiece por una letra y si se quiere un separador utilizar el guión bajo. ¿Se puede utilizar otros símbolos? Sí, pero yo prefiero no complicarlo pues toca utilizar comillas, y simplemente quedarme con la idea que he dicho. Cada uno de los nombres también tienen restricciones de longitud que pueden ser consultadas en la documentación de Oracle sobre límites. Además, lo normal es utilizar el inglés en la informática puesto que cuando se tiene equipos formados por personas de distintos países se utiliza el inglés; o el software se vende a una empresa de otro país se espera ver el código en inglés. En resumen, no utilizar nombres muy largos y utilizar letras del alfabeto inglés.

Continuemos con la creación de una segunda tabla, en esta se almacena números de teléfono, además, de un asunto, quién y cuándo crea el registro.

```
CREATE TABLE tlfono(
  numero        NUMBER NOT NULL,
  asunto        VARCHAR2(128),
  creado        DATE DEFAULT SYSDATE NOT NULL,
  creado_por    NUMBER NOT NULL,
  CONSTRAINT pk_telefonos_numero
    PRIMARY KEY(numero),
  CONSTRAINT uq_telefonos_asunto
    UNIQUE(asunto)
);
```

Y ahora la tabla que relaciona quién tiene qué teléfono, para ello, es necesario las claves primarias de ambas tablas y resto de datos propios de la relación como la extensión. La clave primaria es la relación de ambas claves, es decir, el usuario y teléfono es lo que tiene que ser único y no puede ser nulo. Algo que se suele hacer es crear un campo *id* que sea la clave primaria y los campos que iban a ser clave primaria crearles una UNIQUE; interesa cuando se quiere identificar dichas filas con un solo valor.

```
CREATE TABLE usuarios_telefonos(
   usuario      NUMBER NOT NULL,
   fono         NUMBER NOT NULL,
   extension    VARCHAR2(8),
   creado       DATE DEFAULT SYSDATE NOT NULL,
   creado_por   NUMBER NOT NULL,
   cambiado     DATE,
   cambiado_por NUMBER,
   CONSTRAINT pk_usuarios_telefonos
     PRIMARY KEY(usuario, telefono)
);
```

Una vez creadas las tablas podemos describirlas con DESC. Recordemos que estas acciones CREATE llevan implícito un COMMIT, es decir, aunque no se escriba explícitamente se ejecuta.

Ahora toca practicar.

Día 4 (12-16 horas)

ALTER TABLE

Añadir una constraint

Lo primero, veamos cómo añadir una *constraint*.

```
ALTER TABLE tlfono ADD
  CONSTRAINT fk_telefonos_creadopor FOREIGN
KEY(creado_por)
    REFERENCES usuarios(numero);
```

Esta restricción indica que el campo *creado_por* de la tabla de teléfonos está ligado a el campo *numero* de la tabla de usuarios, es decir, que tiene que ser un usuario registrado en la tabla *usuarios*. Dicho esto vemos que es el mismo caso para el campo *creado_por* de la tabla de usuarios, quiere decir que almacenamos cuál es el usuario que crea a otro usuario.

```
ALTER TABLE usuarios ADD(
  CONSTRAINT fk_usuarios_creadopor
    FOREIGN KEY(creado_por)
    REFERENCES usuarios(numero),
  CONSTRAINT fk_usuarios_cambiadopor
    FOREIGN KEY(cambiado_por)
    REFERENCES usuarios(numero)
);
```

Para añadir más de una *constraint* a la vez se colocan las restricciones separadas por comas y entre paréntesis.

```
ALTER TABLE usuarios_telefonos ADD(
  CONSTRAINT fk_usuarios_telefono
    FOREIGN KEY (usuario)
    REFERENCES usuarios(numero),
  CONSTRAINT fk_usuariostelefonos_telefono
    FOREIGN KEY(fono)
    REFERENCES tlfono(numero),
  CONSTRAINT fk_usuariostelefonos_creadopor
    FOREIGN KEY(creado_por)
    REFERENCES usuarios(numero),
  CONSTRAINT fk_usuariostelefonos_cambiadox
    FOREIGN KEY(cambiado_por)
    REFERENCES usuarios(numero)
);
```

Ahora que tenemos listas nuestras tablas podemos probarlas para poner a prueba lo que hemos hecho y entender qué se ha hecho.

¿Qué pasa si intentamos insertar un teléfono? Pues no debe poderse porque qué usuario indicamos como el que da de alta el teléfono, si ponemos un número al azar como el uno debe dar un error de violación de la clave ajena si no existe ese usuario. Además tomamos en cuenta que los valores NOT NULL son tres y la fecha de creación del dato tiene un valor por defecto, así que valdría con los dos campos.

```
INSERT INTO tlfono(numero, creado_por)
VALUES(987654321,1);
```

Comprobado el error de violación de la *foreign key*, antes insertemos un usuario.

```
INSERT INTO usuarios(numero, nombre, apellido,
creado_por)
VALUES(1,'Juan Pablo','Romero',1);
```

El el caso de insertar un usuario, por como está definida la tabla basta con dar valor al campo *numero* y *creado_por* porque son los dos únicos campos NOT NULL de la tabla, aún así, además le doy nombre y apellido. Cuando se consulta la tabla se puede ver que el campo *creado* tiene la fecha que fue dada por defecto.

Una vez que existe el usuario podemos realizar el INSERT anterior del teléfono. Nos falta relacionar el usuario con el teléfono, para eso tenemos la tabla *usuarios_telefonos*.

```
INSERT INTO usuarios_telefonos(usuario, fono, creado_por)
VALUES(1, 987654321, 1);
```

Ahora si queremos consultar los teléfonos de un determinado usuario podemos hacerlo de la siguiente forma, teniendo en cuenta que tenemos el id del usuario:

```
SELECT fono, extension
FROM usuarios_telefonos
WHERE usuario = 1;
```

Consultar los teléfonos y extensión de los usuarios con apellido «Romero»

```
SELECT fono, extension
FROM usuarios_telefonos
  JOIN usuarios
    ON usuarios_telefonos.usuario = usuarios.numero
WHERE usuarios.apellido = 'Romero';
```

Bien, ahora si insertamos un teléfono que también tenga un asunto NULL no debe haber problema puesto que la columna no es NOT NULL, la restricción que tiene es de unicidad.

```
INSERT INTO tlfono(numero, creado_por)
VALUES(123456789,1);
```

Sin embargo, si intentamos insertar dos teléfonos con igual asunto debemos de obtener un error por violación de la restricción de unicidad.

```
INSERT INTO tlfono(
  numero,
  creado_por,
  asunto)
VALUES(
  999888777,
  1,
  'Recepcionista');

1 row created.

insert into tlfono(numero, creado_por, asunto)
values(999666555, 1, 'Recepcionista');
*ERROR at line 1:

ORA-00001: unique constraint (ALUMNO.UQ_TELEFONOS_ASUNTO)
violated
```

Añadir una columna

```
ALTER TABLE tlfono
  ADD tipo VARCHAR2(8);
```

Si lo que se quiere es añadir varias columnas se deben separar por comas y poner entre paréntesis.

```
ALTER TABLE tlfono
  ADD(
    cambiado        DATE,
    cambiado_por    NUMBER
);
```

No fueron añadidos al inicio para añadirlos ahora como ejemplo. Y sí, ahora falta el añadir la *foreign key* al campo.

```
ALTER TABLE tlfono ADD
  CONSTRAINT fk_telefonos_cambiadopor
    FOREIGN KEY(cambiado_por)
    REFERENCES usuarios(numero);
```

Eliminar una constraint

Para eliminarla necesitamos conocer el nombre de la *constraint*.

```
ALTER TABLE tlfono
  DROP CONSTRAINT uq_telefonos_asunto;
```

Y podremos comprobar que una vez eliminada la restricción de unicidad del asunto se puede añadir filas donde coincida el asunto.

Modificar el tipo de un campo

Algunas veces podemos querer cambiar la longitud del tipo de dato de un campo, lo podremos hacer si el contenido existente no es mayor a la longitud especificada, aumentar lo podremos hacer hasta el máximo permitido por el tipo de dato, y cambiar el tipo de dato es posible si la columna está vacía. Así que piensa en qué tenemos que hacer si queremos cambiar el tipo de dato de una columna que ya tiene datos.

Supongamos el caso más simple, que no tiene relación o restricciones, así que podemos crear otro campo con el tipo deseado y luego actualizar esa columna con los datos de nuestra columna origen, para finalmente eliminar la columna origen, y cambiarle el nombre a la nueva columna para que tenga el nombre de la original.

Si hubiese relación con otros campos, antes se tiene que eliminar las relaciones para hacer las modificaciones, y claro está que se debe cambiar los campos que hacen referencia porque debe coincidir el tipo de dato.

```
ALTER TABLE tlfono
  MODIFY asunto VARCHAR2(13);
```

Renombrar una columna

```
ALTER TABLE usuarios_telefonos
  RENAME COLUMN fono TO telefono;
```

De esta forma se cambia el nombre de una columna en Oracle, recordemos que en otros gestores es similar pero debemos consultar la forma exacta.

Renombrar una constraint

```
ALTER TABLE usuarios_telefonos
  RENAME CONSTRAINT
    fk_usuarios_telefono TO fk_usuariostelefono_usuario;
```

En este caso cambiamos el nombre de la *constraint* que hace referencia al campo que identifica al usuario de la tabla usuarios.

Renombrar una tabla

```
RENAME tlfono TO telefonos;
```

RENAME por sí solo cambia el nombre a un objeto de la base de datos, en este caso es a una tabla pero no es necesario especificar que es una tabla.

Hay que tener en cuenta cómo actúa esta sentencia en el sistema gestor que utilizamos, en el caso de Oracle las *constraints*, privilegios sobre el objeto, índices son actualizados al nuevo nombre; sin embargo, vistas, sinónimos, funciones, procedimientos almacenados son invalidados, es decir, deben ser actualizados para que hagan referencia al nuevo nombre.

Eliminar una columna

```
ALTER TABLE usuarios_telefonos
  DROP (
    cambiado,
    cambiado_por);
```

En este ejemplo eliminamos dos columnas en la misma sentencia. Si se quiere eliminar una solo columna de debe especificar: DROP COLUM *nombre_de_la_columna*.

Caso práctico

Ahora vamos a cambiar el tipo de dato de la clave primaria de la tabla *telefonos*. En vez de ser numérico el tipo de dato vamos a cambiarlo a alfanumérico. Antes de continuar pensemos por un momento lo que ello implica. Puesto que es una columna que está siendo referenciada y debemos mantener la integridad de datos. ¡Piensa!

Como la columna ya tiene datos no vamos a poder cambiar el tipo de dato, entonces tenemos que crear otra columna con el tipo de dato alfanumérico y migrar los datos a esta nueva columna, para posteriormente actualizar las relaciones. Veamos qué referencias tiene la columna *numero* de la tabla *telefonos*.

```
SELECT
  constraint_name,
  constraint_type
FROM
  user_constraints
  JOIN user_cons_columns
    USING(owner,table_name,constraint_name)
WHERE
  table_name = 'TELEFONOS'
  AND column_name = 'NUMERO';
```

```
CONSTRAINT_NAME            C
------------------------   -
SYS_C0010525               C
PK_TELEFONOS_NUMERO        P
```

Podemos ver que tenemos la *primary key* (P) y la NOT NULL (C). Ahora podemos consultar qué columnas hacen referencia a la *primary key*.

Como acabamos de crear las tablas sabemos cómo se llaman las restricciones, pero si no fuese el caso tenemos que consultar. Y es lo que hacemos a continuación.

```
select
  table_name,
  column_name,
  constraint_name,
  constraint_type
from
  user_constraints
  join user_cons_columns
    using(owner, table_name, constraint_name)
where
  r_constraint_name = 'PK_TELEFONOS_NUMERO';
```

```
TABLE_NAME COLUMN_NAME   CONSTRAINT_NAME              C
---------- -----------   ------------------------   -
USUARIOS_T TELEFONO      FK_USUARIOSTELEFONOS_T  R
ELEFONOS                 ELEFONO
```

La *primary key* tiene solo una referencia que es la de la columna *telefono* de la tabla *usuarios_telefonos*.

```
ALTER TABLE usuarios_telefonos
DROP CONSTRAINT fk_usuariostelefonos_telefono;
```

Una vez que no tiene referencias la clave primaria podemos borrarla.

```
ALTER TABLE telefonos
DROP CONSTRAINT pk_telefonos_numero;
```

Ahora vamos a crear una columna donde alojar temporalmente los datos para vaciar la columna *numero* y así poder cambiarle el tipo. También podemos dejar la nueva columna con el nombre de la actual, previo cambio del nombre de la actual. Hay que tomar en cuenta que la columna añadida queda al final de la lista de columnas y no al inicio como está ahora. A efectos de trabajar con la columna es indiferente. Salvo, por ejemplo, si tenemos sentencias INSERT implícitas pues para estas el orden de las columnas es el definido en la tabla, y ahora sería otro. Vamos a continuar por el camino más largo por hacerlo didáctico.

```
ALTER TABLE telefonos
ADD numero_temp VARCHAR2(128);
```

Como el campo *numero* era clave primaria el valor es único por cada fila, así que simplemente actualizamos con el siguiente criterio:

```
UPDATE telefonos
SET numero_temp = numero;
```

Debemos dejar vacía la columna antes de cambiarle el tipo y recordemos que la columna aún tiene la restricción NOT NULL. Entonces las quitamos.

```
ALTER TABLE telefonos
MODIFY numero NUMBER NULL;
```

Si describen la tabla ven que ya no es NOT NULL.

```
UPDATE telefonos
SET numero = NULL;
```

Ahora que está vacía ya podemos cambiarle el tipo y actualizarla

```
ALTER TABLE telefonos
MODIFY numero VARCHAR2(128);

UPDATE telefonos
SET numero = numero_temp;
```

No podemos al mismo tiempo que cambiamos el tipo decirle que sea NOT NULL porque está vacía, el cual es el requisito para cambiarla de tipo. Ahora creamos la clave primaria y por defecto se añade la restricción NOT NULL.

```
ALTER TABLE telefonos
  ADD CONSTRAINT pk_telefonos_numero
  PRIMARY KEY(numero);
```

En este punto ya tenemos la columna *numero* con los datos y es la clave primaria de la tabla. Nos queda realizar limpieza. Vamos a eliminar la columna que creamos temporalmente.

```
ALTER TABLE telefonos
  DROP COLUMN numero_temp;
```

Ahora a realizar un trabajo similar en la tabla que hacía referencia para volver a dejar las tablas relacionadas. ¡Qué no se nos olvide!

```
ALTER TABLE usuarios_telefonos
  ADD telefono_temp VARCHAR2(128);

UPDATE usuarios_telefonos
  SET telefono_temp = telefono;
```

Cabe destacar que el campo *telefono* en la tabla *usuarios_telefonos* es parte de la *primary key* de la tabla, así que hay que eliminar esa *primary key* antes de hacer cambios en la columna. Otra forma de eliminar la clave primaria es la siguiente:

```
ALTER TABLE telefonos
DROP PRIMARY KEY;
```

Pero nos queda la restricción de NOT NULL.

```
ALTER TABLE telefonos
MODIFY telefono NUMBER NULL;

/*Se vacía la columna antes de cambiar de tipo*/
UPDATE usuarios_telefonos
SET telefono = NULL;

/*Se cambia de tipo de dato*/
ALTER TABLE usuarios_telefonos
MODIFY telefono VARCHAR2(128);

/*Se recupera los datos en la columna*/
UPDATE usuarios_telefonos
SET telefono = telefono_temp;

/*Crea la clave primaria de la tabla*/
ALTER TABLE usuarios_telefonos
  ADD CONSTRAINT pk_usuariostelefonos
  PRIMARY KEY(usuario, telefono);

/*Agrega la referencia entre tablas*/
ALTER TABLE usuarios_telefonos
  ADD CONSTRAINT fk_usuariostelefonos_telefono
  FOREIGN KEY(telefono)
  REFERENCES telefonos(numero);

/*Elimina la columna temporal*/
ALTER TABLE usuarios_telefonos
  DROP COLUMN telefono_temp;
```

Todo esto porque hemos cambiado el tipo de dato de una columna en una tabla. Por un lado, tiene un fin didáctico por utilizar varios mandatos de los vistos y afianzar conceptos de las restricciones, por otro lado, por ver la complejidad que surge debido a que la tabla tenía una referencia y a su vez esa referencia formaba parte de una restricción.

Si hubiesen existido más referencias en el camino esto se hubiera complicado. Por ello, es muy poco probable que se haga un cambio así, más aún de un campo que es una clave primaria. Lo suyo es que la base de datos estuviese desde el inicio diseñada en base a un buen análisis de lo que realmente se quiere hacer.

Muchas veces por evitar toda esta problemática se añaden columnas porque a alguien le conviene pero sin estar correctamente relacionada y se termina viendo tablas con varias columnas que las utilizan como clave para determinada aplicación o servicio que alguien implementa, como si cada programador o grupo bajo su necesidad añade cambios e intenta no tocar lo existente y se va creando un monstruo lleno de *mierda redundante*. Sí es un problema. Por ello debe existir un departamento o encargado de controlar cualquier cambio respecto al diseño de la base de datos que entienda lo que se hace. Se suele solicitar datos a medida porque a los programadores les conviene pero muchas veces es innecesario y lo que realmente hace falta es dedicar tiempo a analizar con detenimiento qué es lo que se quiere y para qué. Sí es tiempo que cuesta al inicio pero ahorra a futuro. Suele ser muy útil el preguntar reiteradamente el porqué y para qué a cada respuesta que se de.

Desactivar una constraint

```
ALTER TABLE nombre_tabla
DISABLE CONSTRAINT nombre_constraint;
```

Puede que por aligerar una carga de datos se opte por desactivar *constraints*, sin embargo, al activarlas se realiza la comprobación y en caso de no cumplirse no se podrá activar.

Activar una constraint

```
ALTER TABLE nombre_tabla
ENABLE VALIDATE CONSTRAINT nombre_constraint;
```

De esta forma se activa una *constraint* y solo se activa si los datos cumplen la restricción.

Poner en vigor una constraint

```
ALTER TABLE nombre_tabla
ENFORCE CONSTRAINT nombre_constraint;
```

Esta opción a diferencia de estar activa y validada, es decir, que los datos existentes y los futuros deben cumplir la restricción, permite activar la restricción para realizar la comprobación de los datos a partir del momento en que se pone en vigor. En otras palabras, pueden existir datos que no cumplen la restricción, pero todo nuevo valor se comprueba que cumpla. Si se inserta un nuevo valor solo se permite si cumple la restricción, y si se actualiza se permite el cambio por uno que cumpla la restricción.

TRUNCATE TABLE

A diferencia de DELETE, esta sentencia no lleva condición, es decir, elimina todas las filas, además, es una sentencia que lleva COMMIT implícito así que no hay marcha atrás. La tabla, es decir, la estructura sigue intacta, lo que se elimina son las filas.

```
TRUNCATE TABLE telefonos;
```

DROP TABLE

La sentencia sería:

```
DROP TABLE telefonos;
```

En Oracle se puede forzar la eliminación de una tabla junto con las *constraints*, esto se consigue escribiendo:

```
DROP TABLE telefonos CASCADE CONSTRAINTS;
```

De otra forma lo que toca hacer es primero eliminar las *constraints* que impiden la eliminación de la tabla previa eliminación de la tabla.

La eliminación es permanente. Recordemos que es una instrucción que lleva un COMMIT implícito. Oracle tiene una papelera de reciclaje a la que se podría recurrir para recuperar dicha tabla, pero eso es una tarea en la que no vamos a entrar, simplemente que nos suene que existe algo. En general, independientemente del gestor lo que realmente se debe tener es copia de seguridad de la base de datos para poder restablecerla en caso de ser necesario como, por ejemplo, por una perdida de datos. Estas copias de seguridad ya dependen de la frecuencia de cambios que sufran, podrían ser semanales, diarias, aún así, a veces son necesarias justo antes de un cambio dado, donde pueden existir modificaciones entre el momento de la última copia de seguridad y el momento de querer realizar la operación.

CREATE VIEW

La vista es un objeto de base de datos. Almacena una consulta que se ejecuta para obtener los datos a mostrar. Por ello, una vista es una tabla virtual. No almacena los datos. Los consulta. Permite crear una capa de abstracción. De cara al usuario es como una tabla. Podemos, por lo tanto, filtrar los datos a mostrar, combinarlos desde varias tablas en un solo lugar. Una vista nos aporta ocultación de la información. Y también podemos decir que seguridad, ya que podemos dar acceso a la vista y no a la tabla, aunque también podemos dar acceso a una tabla en modo solo de consulta, sin embargo, si la vista cumple los requisitos para poder manipular la información de una tabla debemos asegurarnos de qué se puede hacer porque tal vez debemos dejar que la vista sea de solo lectura.

Ya utilizamos vistas, en Oracle existen las vistas que dan información sobre la base de datos cuyo prefijo son USER_, ALL_, DBA_, seguido va el tipo de objeto, por ejemplo, vistas donde encontramos información sobre las vistas:

- USER_VIEWS

- ALL_VIEWS

- DBA_VIEWS

Recordemos que cuando no sabemos qué vistas tenemos para consultar información de la base de datos, podemos recurrir a Internet o al diccionario de datos de Oracle en la propia base de datos: DICT.

Vamos a crear una vista que muestre los empleados del departamento 60, nombre, apellido, correo.

```
CREATE VIEW emp_dep60
AS
SELECT
  first_name,
  last_name,
  email
FROM
  employees
WHERE
  department_id = 60;
```

Recordemos que la vista al ser un objeto de la base de datos está almacenada en ella y por lo tanto es persistente. Se almacena con la consulta asociada. No es una copia de los datos sino que se ejecuta la consulta y con esos datos se trabaja. A efectos de manejo de los datos es

```
SQL> desc emp_dep60;
 Name                                          Null?      Type
 ----------------------------------------     --------   -------------
 FIRST_NAME                                               VARCHAR2(20)
 LAST_NAME                                     NOT NULL  VARCHAR2(25)
 EMAIL                                         NOT NULL  VARCHAR2(25)

SQL> select * from emp_dep60;

FIRST_NAME            LAST_NAME                EMAIL
------------------   -------------------      ---------------
Alexander            Hunold                   AHUNOLD
Bruce                Ernst                    BERNST
David                Austin                   DAUSTIN
Valli                Pataballa                VPATABAL
Diana                Lorentz                  DLORENTZ
```

como una tabla más sobre la que podemos consultar. En vez de realizar continuamente una subconsulta que utilizamos en una consulta podemos analizar la posibilidad de tenerla como una vista.

En la vista que acabamos de crear ocultamos información que puede ser sensible como el salario, o información de empleados de otros departamentos. Pensemos en las vistas de Oracle que inician con el prefijo USER, en realidad solo muestran cierta información que contiene DBA, de forma similar las vistas con prefijo ALL muestran cierta información no todo.

Si queremos ver cuál es la consulta de la vista podemos realizar la siguiente consulta.

```
SELECT text
FROM user_views
WHERE view_name = 'EMP_DEP60';




SQL> select text from user_views where view_name='EMP_DEP60';

TEXT
------------------------------------------------------------------------
select first_name, last_name, email from employees where department_id = 60
```

¿Por qué el texto del nombre de la vista está en mayúscula? Oracle almacena su información en mayúsculas, excepto si es código. Al momento de utilizar la vista es indiferente si es con mayúsculas o minúsculas, igual que con las tablas. La diferencia es cuando consultamos el contenido en las tablas o a través de vistas de ORACLE, esta información está en mayúsculas y por lo tanto para que coincida hay que consultarla en mayúsculas.

Una vista por lo general la utilizaremos para consulta y no para realizar operaciones DML a través de ella. Sin embargo, pensemos qué hace falta para poder inserta una fila en una tabla. Y entonces recordaremos que dar valor a todos los campos NOT NULL. Bien, entonces para poder insertar a través de una vista, la vista debe incluir todos los campos NOT NULL de la tabla. Y sea la operación DML que sea, la consulta debe ser solo de una tabla.

Si queremos actualizar a través de la vista, además, ninguna de las columnas de la consulta puede ser modificada en la subconsulta, es decir, ser una expresión, por ejemplo: upper(nombre), salario * 0.3. Solo el nombre del campo. Para permitir la eliminación, de forma similar no pueden estar los campos modificados, ni existir la cláusula DISTINCT, GROUP BY o pseudo-columnas como ROWNUM.

Vamos a modificar la vista para probar a realizar operaciones a través de la vista en la tabla de empleados y así continuar viendo qué podemos hacer con las vistas.

```
CREATE OR REPLACE VIEW emp_dep60
AS
SELECT
    employee_id,
    last_name,
    email,
    hire_date,
```

```
    job_id
FROM employees
WHERE department_id = 60;
```

Si consultamos la vista veremos los cinco empleados que son del departamento sesenta. Solo las cinco columnas. ¿Qué pasa si realizamos el siguiente INSERT?

```
INSERT INTO emp_dep60(
    employee_id,
    last_name,
    email,
    hire_date,
    job_id)
VALUES(
    (SELECT MAX(employee_id)+1
      FROM employees),
    'Potter',
    'HPOTTER',
    SYSDATE,
    'IT_PROG');
```

Consultamos la vista y seguimos viendo los cinco empleados. No está el que acabamos de insertar. ¿Lo insertamos? ¡Pero si nos ha dicho una fila insertada! ¿Qué es lo que muestra la vista? Filas donde el número de departamento es el 60, y la fila que acabamos de insertar, ¿qué tiene como departamento? NULL pues no le hemos dado valor. Entonces, ¿dónde está la fila insertada? La fila se inserta en la tabla, no en la vista, recordemos que la vista es solo una subconsulta. Si consultamos la tabla de empleados vemos la fila insertada.

Si intentamos borrar a 'Potter' a través de la vista no podemos pues no es una fila que vemos en la vista. Si queremos permitir operaciones a través de la vista, y queremos asegurarnos que se cumpla el WHERE de la vista entonces debemos especificar: WITH CHECK OPTION.

```
CREATE OR REPLACE VIEW emp_dep60
AS
SELECT
   employee_id,
   last_name,
   email,
   hire_date,
   job_id
FROM employees
WHERE department_id = 60
WITH CHECK OPTION;
```

¿Tiene sentido nuestra vista? Si el campo *department_id* no está en la vista ¿cómo le vamos a dar valor al campo?

```
CREATE OR REPLACE VIEW emp_dep60
AS
SELECT
   employee_id,
   last_name,
   email,
   hire_date,
   job_id,
   department_id
FROM employees
WHERE department_id = 60
WITH CHECK OPTION
;
```

Ahora sí podemos insertar. Y además, debe cumplir el WHERE de la vista. Es decir, el INSERT que realizamos debe tener como número de departamento el 60. Y así cumplir el WHERE de la vista.

Si tenemos una vista que es solo de una tabla y tiene todos los campos NOT NULL podemos realizar un INSERT. Pero si queremos que solo se consulte y no se realice modificaciones, entonces tenemos que usar la cláusula: READ ONLY. Y así nos aseguramos.

```
CREATE OR REPLACE VIEW emp_dep60
AS
SELECT
    employee_id,
    last_name,
    email,
    hire_date,
    job_id,
    department_id
FROM employees
WHERE department_id = 60
WITH READ ONLY;
```

RENAME VIEW

Para cambiar el nombre de la vista se indica el nombre actual y el nombre a dar. De la siguiente forma.

```
RENAME emp_dep60 TO empleados_dep60;
```

DROP VIEW

Se borra el objeto vista de la base de datos. No afecta a la tabla asociada. Se debe tener en cuenta si existe otros objetos que hagan referencia a la vista. Puede ser utilizada en procedimientos, estos darán error cuando se ejecuten al ya no existir.

```
DROP VIEW emp_dep60;
```

Ahora a seguir probando.

Día 5 (16-20 horas)

CREATE INDEX

Un índice es un objeto de base de datos. Se utiliza para acceder a leer los datos de una forma más rápida que accediendo a la tabla. Por ello, una clave primaria, o una *unique*, por defecto lleva asociado un índice. Esto ya nos indica que el índice puede ser de una o varias columnas. Si se consulta la tabla y condiciona por el campo que está indexado se buscará en el índice el valor y se obtiene el ROWID con el que se accede directamente a la fila de la tabla. Este proceso lo hace el sistema gestor y es mucho más rápido que recorrer toda la tabla para comprobar qué fila es igual al valor buscado. Pensar que en un caso se busca en un índice y se obtiene el código que indica la fila exacta donde está la información, y en el otro caso se recorre toda la tabla para verificar qué filas cumplen con la condición. Este proceso es la analogía de un libro, en vez de buscar hoja por hoja se busca en el índice y una vez encontrado se va directamente a la página.

Se puede crear índices para columnas que se considere se utilizan para condicionar la búsqueda, es decir, se usan en la cláusula WHERE. Además, tiene que ser el campo sin alteraciones por expresiones. Si se indexa el campo *salary* y se condiciona por *(salary * 1,10 > 15000)* entonces el índice no actúa.

Otra cuestión a tener en cuenta es que el índice puede ser único o no. En el caso de un campo *primary key* o *unique* el índice es único. En el caso de indexar el campo *salary* se entiende que puede existir varios salarios iguales por lo que el índice no es único.

```
CREATE [UNIQUE] INDEX nombre_indice ON nombre_tabla (col1
[,col2 ...])
STORAGE ... ( cláusula de almacenamiento )
```

Antes de crear un índice vamos a realizar una prueba de concepto. Consultamos la tabla de empleados condicionando por salario y comprobamos el rendimiento. Luego creamos un índice y volvemos a comprobar el rendimiento.

Primero, se activa el mostrar los datos de traza. Esto en la terminal.

```
SET AUTOTRACE ON
```

Se obtiene mensajes informativos porque es una instalación nueva y no se ha configurado. Para nuestro caso no nos interesa. Nos es suficiente con los datos que se indican.

```
SQL> set autotrace on
SP2-0618: Cannot find the Session Identifier.  Check
PLUSTRACE role is enabled
SP2-0611: Error enabling STATISTICS report
```

```
Execution Plan
----------------------------------------------------------
Plan hash value: 1445457117

---------------------------------------------------------------------------
| Id  | Operation         | Name      | Rows  | Bytes | Cost (%CPU)| Time     |
---------------------------------------------------------------------------
|   0 | SELECT STATEMENT  |           |    73 |  5037 |     3   (0)| 00:00:01 |
|*  1 |  TABLE ACCESS FULL| EMPLOYEES |    73 |  5037 |     3   (0)| 00:00:01 |
---------------------------------------------------------------------------

Predicate Information (identified by operation id):
---------------------------------------------------

   1 - filter("SALARY">9000)
```

Ahora cada vez que se ejecuta una consulta al final de los datos obtenemos información sobre el plan de ejecución.

Consultamos los empleados que tienen un salario igual a 9000. El resultado son las 2 filas que coinciden con la condición. El coste es 3. Y la operación es un acceso completo a la tabla.

Una vez comprobado el coste de la sentencia creamos un índice asociado al campo salario.

```
CREATE INDEX idx_salary ON employees (salary);
```

Esta vez el Coste es 2. Y la operación es un acceso a un rango de valores en el índice. 2 filas que indican al SGBD cuáles 2 filas son de la tabla. Va directamente a esas dos filas y no recorre toda la tabla.

```
-------------------------------------------------------------------------
| Id  | Operation                   | Name        | Rows  | Bytes | Cost (%CPU)|
Time   |
-------------------------------------------------------------------------
|   0 | SELECT STATEMENT            |             |     2 |   138 |     2   (0)|
00:00:01 |
|   1 |  TABLE ACCESS BY INDEX ROWID| EMPLOYEES   |     2 |   138 |     2   (0)|
00:00:01 |
|*  2 |   INDEX RANGE SCAN          | IDX_SALARY  |     2 |       |     1   (0)|
00:00:01 |
-------------------------------------------------------------------------

Predicate Information (identified by operation id):
-------------------------------------------------------------------------
   2 - access("SALARY"=9000)
```

Para desactivar el mostrar el plan de ejecución simplemente se escribe *off* en vez de *on*.

```
SQL> set autotrace off
```

Vistas del diccionario de datos donde consultar información de los índices:

- USER_INDEXES
- ALL_INDEXES
- USER_IND_COLUMNS
- ALL_IND_COLUMNS

ALTER INDEX

Sirve para cambiar o reconstruir un índice. Debes ser propietario o tener el privilegio ALTER ANY INDEX.

Al nivel que estamos hablando podemos dejar la idea de que es poco frecuente. Es un tema más avanzado de optimización y administración. Por dar una idea, el caso de una tabla en que tenga cambios drásticos como ser muy grande y luego ser muy pequeña. Por ejemplo, existe un alto número de filas que se han eliminado —superior al 20%—, es probable que el índice necesite ser reconstruido para optimizar. No porque exista un índice quiere decir que es lo más óptimo. El índice puede estar muy des-actualizado respecto a la tabla. Se requiere un monitoreo constante del rendimiento.

DROP INDEX

Para poder borrar un índice se debe ser propietario de la tabla a la que está relacionado el índice. Otra opción es tener el privilegio DROP ANY INDEX.

```
DROP INDEX idx_salary;
```

Una vez borrado el índice la columna ya no está indexada y el plan de ejecución no tiene que tomar en cuenta un índice que no existe.

RENAME INDEX

Se realiza con un **ALTER INDEX**.

```
ALTER INDESX idx_salary RENAME TO idx_salario;
```

CREATE SEQUENCE

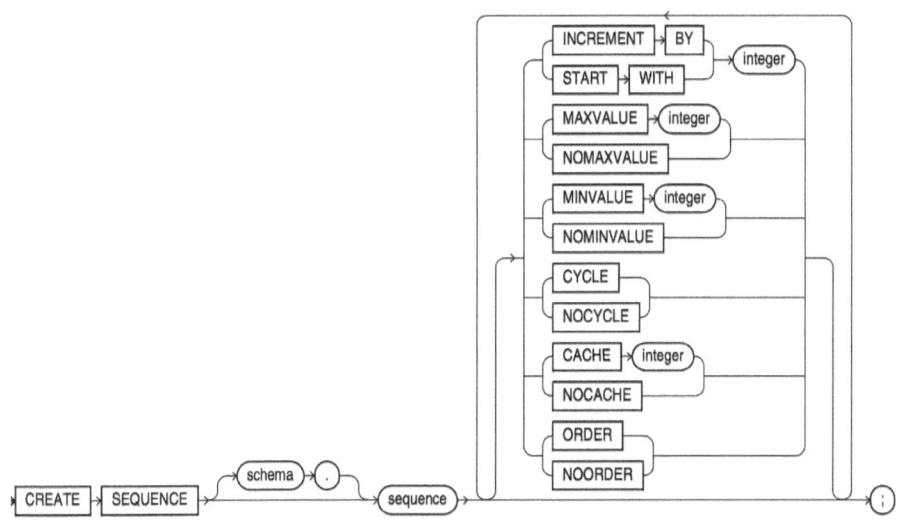

Una secuencia es un objeto de base de datos que permite generar números (*integer*).

En MySQL por ejemplo en la propia especificación de la creación de la tabla se indica que un campo —*primary key*— es además auto-generado (AUTO_INCREMENT). En Oracle se utiliza las secuencias en combinación con disparadores (*triggers*) que se encargan de detectar cuándo se realiza un INSERT en la tabla y entonces en el código se utiliza la secuencia para dar valor al campo *primary key*.

La secuencia se utilizar con las pseudocolumnas: CURRVAL, que retorna el actual valor de la secuencia; NEXTVAL, incrementa el valor de la secuencia y retorna el valor.

```
CREATE SEQUENCE seq_employees
  START WITH 108
  INCREMENT BY 1;
```

Si no se especificara el inicio, ni el incremento por defecto empezaría en uno y e incremento sería de uno en uno. Si se especifica -1 empezará en -1 y generara números en orden descendente. En este ejemplo especificamos el valor de inicio y el incremento 1.

Si se especifica una secuencia CYCLE, es decir, generara números creando un ciclo ya sea ascendente o descendente según se especifique y para ello según el caso hay que indicar los valores MAXVALUE o MINVALUE.

Entonces para utilizar la secuencia podemos hacerlo en una SELECT. La primera vez se debe realizar un NEXTVAL pues no va a dejar realizar un CURRVAL.

```
SELECT seq_employees.NEXTVAL
FROM DUAL
```

Probad a insertar un empleado en la tabla *employees* y como valor para el campo *employee_id* utiliizar la secuencia.

ALTER SEQUENCE

Permite modificar la sequencia

```
ALTER SEQUENCE seq_employees
  INCREMENT BY 10;
```

RENAME SEQUENCE

```
RENAME seq_employees TO seq_emp;
```

DROP SEQUENCE

```
DROP SEQUENCE seq_emp;
```

CREATE SYNONYM

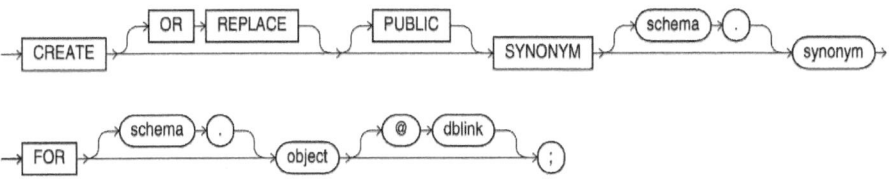

Los sinónimo son objetos de base de datos. Por lo tanto, se almacenan en ella hasta que se eliminan. Se utilizan para dar un nombre alternativo a una tabla, vista, procedimiento, paquete, función, secuencia, tipo definido por el usuario, otro sinónimo. Un alias lo usamos de forma temporal cuando realizamos una consulta. Y el alias es conocido dentro de esa consulta o sub-consulta, según sea el caso.

El sinónimo puede ser privado o público. Si es privado es almacenado en el esquema del usuario y es visible para el usuario. Si es publico es almacenado en el esquema *public* y es visible para todos los usuarios de la base de datos.

¿Cómo hacemos referencia a una tabla o vista que no pertenece al usuario con el que tenemos la sesión?

```
nombre_usuario.nombre_vista
```

Podemos crear un sinónimo público como nombre alternativo a el nombre del esquema y de la vista. Por ejemplo, si el usuario se llama «alumno» y la vista «empleados_dep_60». Se crea el sinónimo «emp_dep_60» de la siguiente forma.

```
CREATE PUBLIC SYNONYM emp_dep_60 FOR
alumno.empleados_dep_60;
```

Dentro de la base de datos, quien tiene permiso de consultar la vista puede hacerlo con el sinónimo. A efectos será como si lo hace sobre la vista. Sin embargo, al ser el sinónimo público no hace falta indicar el propietario.

```
SELECT * FROM alumno.empleados_dep_60;

SELECT * FROM emp_dep_60;
```

Lo que se tiene es un nombre más corto. El nombre del objeto puede ser largo y si además hay que añadir el nombre del esquema la cadena es aún más larga.

Supongamos que alguien conoce que la consulta se realiza sobre «emp_dep_60». Si cree que es una tabla y la quiere eliminar, primero, necesita permiso de eliminar la tabla. Luego, no es una tabla. No se puede hacer un DROP TABLE sobre un objeto que no es una tabla. Y tampoco un DROP VIEW pues no es una VIEW. Es un SYNONYM. El sinónimo y la vista nos permiten crear capas de acceso a los datos. Sin tener que dar acceso directo a la tabla.

Cuando se hace referencia a un objeto el sistema gestor primero comprueba si está en el esquema del usuario conectado. Luego comprueba si es un objeto de *public*. Entonces, si no está en ambos sitios indica que no existe el objeto al que hace referencia. Si ya lo encuentra en el esquema del usuario no hace falta buscar en *public*.

Vistas del diccionario de datos sobre sinónimos:

- USER_SYNONYMS

- ALL_SYNONYMS

- DBA_SYNONYMS

RENAME SYNONYM

Lo que podemos hacer a un sinónimo es cambiar el nombre.

```
RENAME emp_dep_60 TO emp_dep60;
```

Si se cambia el nombre al objeto al que hace referencia entonces el sinónimo deja de funcionar porque hace referencia a un objeto que no existe. Y si el sinónimo sigue existiendo y se crea un objeto que se llama como el nombre al que hace referencia pasa a ser sinónimo de ese objeto. Pensad, al final es una referencia a un nombre dentro de un esquema. Con independencia del tipo de objeto al que puede hacer referencia.

DROP SYNONYM

Si se quiere borrar un sinónimo basta con ser el propietario o tener el permiso DROP ANY SYNONYM. Si es un sinónimo público es necesario tener el permiso DROP PUBLIC SYNONYM.

DCL

Data Control Language hace referencia a la gestión de privilegios. Permite controlar el acceso a los datos. Se utiliza el mandato para otorgar (GRANT) y para quitar privilegios (REVOKE).

Para realizar pruebas se necesita al menos un par de usuarios. Partimos de que tenemos acceso al usuario SYSTEM y a HR. Entonces nos conectamos con SYSTEM y creamos un usuario.

```
CONN SYSTEM/SYSTEM
CREATE USER alumno IDENTIFIED BY curso;
```

Una vez se crea el usuario necesita permisos del sistema. Como el poder conectarse a la base de datos, iniciar una sesión.

```
GRANT CONNECT, RESOURCE
TO alumno;
```

GRANT

Los privilegios se conceden sobre objetos de la base de datos o sobre el sistema. Por ejemplo, siendo el usuario SYSTEM podemos ejecutar:

```
GRANT SELECT, INSERT, UPDATE
ON hr.employees
TO alumno;
```

Se otorga el permiso sobre la tabla employees del usuario *hr* al usuario *alumno*. Los permisos son el poder insertar, seleccionar o actualizar. Cuando se trata de otorgar permisos sobre objetos siempre se especifica el nombre del objeto después de la cláusula ON. No se otorga permisos sobre todos los objetos de un esquema. Para realizar algo así se tiene que programar un procedimiento.

```
GRANT SELECT, UPDATE (salary, commission_pct)
ON employees
TO alumno, alumno2
WITH GRANT OPTION;
```

Recordemos que si no se especifica el esquema del objeto se entiende que está en el esquema del usuario con el que tenemos la sesión. En este ejemplo el usuario debe tener el objeto *employees*. Es decir, SYSTEM no lo tiene. Quien ejecuta esta sentencia así debe ser el usuario *hr*. Los permisos se separan por comas. Al igual que los diferentes usuarios a los que se otorga el permiso. Si el usuario no existe da error. Los permisos que se especifican son compatibles porque son válidos sobre el objeto en cuestión. En el ejemplo una tabla. En el caso de UPDATE se puede especificar las columnas que se permite modificar. Si no se especifica son todas las columnas de la tabla. WITH GRANT OPTION permite a los usuarios otorgar los mismos permisos a otros usuarios.

WITH GRANT OPTION se puede otorgar directamente a usuarios. No a roles. En el caso de la opción para permisos de sistema WITH ADMIN OPTION se puede otorgar a roles.

De ser necesario se puede otorgar el permiso de forma publica. Para todos los usuario de la base de datos.

```
GRANT SELECT
ON employees
TO PUBLIC;
```

REVOKE

Se puede quitar privilegios específicos que se tiene sobre el objeto.

```
REVOKE SELECT
ON hr.employees
FROM alumno;
```

También, se puede especificar que se eliminen todos los permisos dados sobre el objeto.

```
REVOKE ALL
ON hr.employees
FROM alumno;
```

No se puede revocar UPDATE sobre columnas específicas. El proceso es quitar el permiso sobre toda la tabla y volver a darlo sobre las columnas que se quiere mantener el permiso.

CREATE ROLE

Los roles sirven para agrupar un conjunto de permisos en un solo paquete. En vez de estar otorgando de uno en uno. Se agrupan todos estos en un *role* y lo que se otorga es el *role*. Esto facilita la gestión de los usuarios, por ejemplo, tenemos un *role* para dar soporte a una aplicación, se colocan determinados permisos sobre determinados objetos y se agrupan en el *role*. A los usuarios de soporte de les otorga el *role*, de esta forma todos los usuarios tienen los mismos permisos que están en el *role*, y si se quiere añadir o quitar permisos, en vez de hacerlo sobre los *n* usuarios de soporte se lo hace sobre el *role*, esto afectará a todos los usuarios que tengan el *role*.

Para crear roles es necesario tener el privilegio CREATE ROLE. Es decir, si el usuario no puede crear roles necesita que le otorguen el permiso. A continuación creamos el role.

```
CREATE ROLE soporte_app;
```

Una vez creado podemos añadir o quitar permisos del *role* con GRANT o REVOKE.

```
GRANT SELECT
ON empleados
TO soporte_app;
```

Y para quitar el permiso del *role*:

```
REVOKE SELECT
ON empleados
FROM soporte_app;
```

Vistas del diccionario de datos donde consultar los roles.

*   USER_ROLE_PRIVS

*   ROLE_TAB_PRIVS

Para listar los permisos dados en el *role*:

```
SELECT table_name, column_name, privilege
FROM role_tab_privs
WHERE role = 'SOPORTE_APP';
```

RENAME ROLE

```
RENAME soporte_app
TO soporte_app2;
```

DROP ROLE

Al eliminar el *role*, como es lógico, los usuarios que tuviesen el *role* dejan de tener los permisos que se encontraban en el *role*.

```
DROP ROLE soporte_app2;
```

Son muchas sentencias que se han visto y muchas otras que no. Hay gran cantidad de información en internet. Contrastar con fuentes oficiales. Los manuales del lenguaje están disponibles de forma gratuita.

Este libro es una recopilación de algunas cosas y una guía para introducirse. Al inicio del libro se explica mucho más que en los capítulos finales. Luego es conocer las sentencias y practicar. Practicar es lo que lleva más tiempo. De aquí en adelante es practicar, probar y buscar más. Para afianzar el conocimiento es lo mejor. Junto con enseñar lo que sabes. A seguir creciendo.

Anexo - Ejercicios

SELECTs simples

1. Describir la tabla employees.

2. Datos de la tabla regions.

3. Datos de la tabla countries.

4. Ciudad y estado de las localidades.

5. Número y nombre de departamento, además, el código del empleado jefe, de la localidad 1700.

6. Nombre y número de departamento de los empleados.

7. Listar los distintos números de departamento en el que trabajan los empleados.

8. Nombre, apellido, salario ordenador por apellido ASC y salario DESC.

9. Códigos de los distintos trabajos que existen en el departamento 30.

10. Nombre, apellido y correo de los empleados del departamento 30 cuyo salario es menor a 3000.

11. Nombre, apellido y número de departamento de los empleados que no tengan comisión ordenados por número de departamento del mayor a menor y por apellido.

12. Número de empleado, nombre y apellido de los empleados desde el apellido que empieza por L hasta los que su apellido empieza por la R, incluidos.

13. Nombre de las columnas de la tabla de empleados 'Employees'.

14. Nombre, apellido y el salario de los empleados pero como salario una etiqueta que indique 'BAJO' si es menor a 4280, 'ALTO' si es mayor a 15230 y 'MEDIO' si está entre medias.

SELECTs con funciones

1. Mostrar la fecha actual de la siguiente forma:
Fecha actual

Sábado, 11 de febrero de 2017. 16:06:33

El día en palabras con la primera letra en mayúsculas, seguida de una coma, el día en números, la palabra "de", el mes en minúscula en palabras, la palabra "de" y el año en cuatro dígitos seguido con un punto. Y la hora en formado 24 horas con minutos y segundos. De etiqueta del campo "Fecha actual".

2. Día en palabras en el cual naciste.

3. La suma de salarios, cuál es el mínimo, el máximo y la media de salario.

4. Cuántos empleados hay, cuántos tienen salario y cuántos tienen comisión.

5. Por un lado la media entre la media de salarios y el mínimo salario. Y por otro lado, la media entre la media de salarios y el máximo salario. Solo la parte entera, sin decimales ni redondeo.

6. Listar el número de departamento y el máximo salario en cada uno de ellos.

7. Mostrar los nombres de los empleados que se repiten indicando cuántos hay del mismo en orden descendente.

8. Mostrar en una sola consulta cuántos empleados son jefe de departamento y cuántos son jefes de empleados.

Subconsultas y JOIN

1. Mostrar el número de empleado, nombre y apellido de los empleados que sean jefes tanto como de departamento como de otro empleado indicando en una sola columna con un literal 'DEP' si es jefe de departamento y 'EMP' si es jefe de otro empleado. Ordenados por número de empleado.

2. Listar el nombre, apellido y salario de los tres empleados que ganan más

3. Listar nombre, apellido de los empleados que les coincide a la vez la primera letra de su nombre y el apellido.

4. Listar nombre, apellido y un literal que indique el salario. 'BAJO' si el salario es menor a la *mediabaja* (media entre el salario mínimo y la

media de salarios) 'ALTO' si el salario es mayor a la *mediaalta* (media entre el salario máximo y la media de salarios) 'MEDIO' si el salario está entre la *mediabaja* y *medialata*.

SELECTs simples. Soluciones.

1.

```
DESC employees;
```

2.

```
SELECT *
FROM regions;
```

3.

```
SELECT *
FROM countries;
```

4.

```
SELECT city, state_province
FROM locations;
```

5.

```
SELECT department_id, department_name, manager_id
FROM departments
WHERE location_id = 1700;
```

6.

```
SELECT first_name, department_id
FROM employees;
```

7.

```
SELECT DISTINCT department_id
FROM employees;
```

8.

```
SELECT
  first_name,
  last_name,
  salary
FROM employees
ORDER BY
  last_name ASC,
  salary DESC;
```

9.

```
SELECT DISTINCT job_id
FROM employees
WHERE department_id = 30;
```

10.

```
SELECT
  first_name,
  last_name,
  email
FROM employees
WHERE department_id = 30
  AND salary < 3000;
```

11.

```
SELECT
  first_name,
  last_name,
  department_id
FROM employees
WHERE commission_pct IS NOT NULL
ORDER BY 3 ASC, 2 DESC;
```

12.

```
SELECT
  employee_id,
  first_name, last_name
FROM employees
WHERE last_name BETWEEN 'L' AND 'R';
```

13.

```
SELECT column_name
FROM user_tab_columns
WHERE table_name = 'EMPLOYEES'
  AND column_name NOT LIKE '%@_%' ESCAPE '@';
```

14.

```
SELECT
  first_name,
  last_name,
  CASE
    WHEN salary < 4280 THEN 'BAJO'
    WHEN salary BETWEEN 4280 AND 15230 THEN 'MEDIO'
    ELSE 'ALTO'
  END salary
FROM employees;
```

SELECTs con funciones. Soluciones.

1.

```
SELECT
  RTRIM(TO_CHAR(SYSDATE,'Day'))||', '||
  TO_CHAR(SYSDATE,'dd')||' de '||
  RTRIM(TO_CHAR(SYSDATE,'month'))|| ' de '||
  TO_CHAR(SYSDATE,'yyyy')||'. '||
TO_CHAR(SYSDATE,'hh24:mi:ss') "Fecha actual"
FROM dual;
```

2.

```
SELECT
  RTRIM(TO_CHAR(TO_DATE('12/06/1987','dd/mm/yyyy'),
'Day')) "Día de nacimiento"
FROM dual;
```

3.

```
SELECT
  SUM(salary),
  MIN(salary),
  MAX(salary),
  AVG(salary)
FROM employees;
```

4.

```
SELECT
  COUNT(*),
  COUNT(salary),
  COUNT(commission_pct)
FROM employees;
```

5.

```
SELECT
  TRUNC((AVG(salary)+MIN(salary))/2) mediabaja,
  TRUNC((AVG(salary)+MAX(salary))/2) mediaalta
FROM employees;
```

6.

```
SELECT department_id, MAX(salary)
FROM employees
GROUP BY department_id;
```

7.

```
SELECT first_name, COUNT(first_name)
FROM employees
GROUP BY first_name
HAVING COUNT(first_name) != 1
ORDER BY 2 DESC;
```

8.

```
SELECT
  COUNT( DISTINCT manager_id) Id_Jefe,
  'DEP' Jefe
FROM departments
UNION
SELECT
  COUNT( DISTINCT manager_id),
  'EMP'
FROM employees;
```

Subconsultas y JOIN. Soluciones.

1.

```
SELECT employee_id, first_name, last_name,'DEP' "Jefe"
FROM employees
WHERE employee_id in (SELECT manager_id FROM departments)
UNION
SELECT employee_id, first_name, last_name, 'EMP' "Jefe"
FROM employees e
WHERE employee_id in (SELECT manager_id FROM employees)
ORDER BY 1;
```

2.

```
SELECT first_name, last_name, salary
FROM (
    SELECT first_name, last_name, salary
    FROM employees
    ORDER BY salary DESC)
WHERE ROWNUM < 4;
```

3.

```
SELECT
  first_name,
  employees.last_name last_name,
  email
FROM
  employees
    JOIN
      (SELECT SUBSTR(first_name,1,1) letrainicial,
       last_name
       FROM employees
       GROUP BY SUBSTR(first_name,1,1), last_name
       HAVING COUNT(*) > 1) correos
    ON(employees.last_name = correos.last_name
```

```
        AND correos.letrainicial =
SUBSTR(first_name,1,1));
```

4.

```
SELECT
  first_name,
  last_name,
  CASE
    WHEN salary < mediabaja
      THEN 'BAJO'
    WHEN salary BETWEEN mediabaja AND mediaalta
      THEN 'MEDIO'
    ELSE
      'ALTO'
  END salary
FROM
  employees
  JOIN (
    SELECT
      department_id,
      TRUNC((AVG(salary)+min(salary))/2) mediabaja,
      TRUNC((AVG(salary)+MAX(salary))/2) mediaalta
    FROM employees
    GROUP BY department_id) medias
  ON(employees.department_id = medias.department_id);
```

My 50 Years in High Technology

Table of Contents